CLÀR

Na leabhraichean

25 bliadhna – 1996–2021

CLÀR 25 BLIADHNA
Foillsichte le CLÀR
Inbhir Nis, Alba

A' chiad chlò 2021

Air a chur ann an clò le Mark Blackadder.

Tha clàr-fhiosrachadh foillseachaidh dhan leabhar seo ri fhaighinn bho Leabharlann Bhreatainn.

ISBN 978-19161458-9-4

www.clar.online

Mar neach òg – cha do ràini' mi aois a' pheinnsein buileach fhathast! – bha e fìor mhath a bhith a' faighinn cothrom sgeul ghoirid fhoillseachadh ann an STEALL. Mar sgrìobhadair ùr, thug seo beagan misneachd dhomh.

Iain Beggs, 2020

FACAL BHO CHLÀR

Chaidh am foillsichear Gàidhlig CLÀR a chur air chois ann an 1996. B' e ar prìomh amas a bhith a' foillseachadh leabhraichean ùra, le cuideam air sgrìobhadh ann an Gàidhlig a-mhàin. Mach le Beurla.

25 bliadhna as dèidh sin, tha sinn air faisg air 80 leabhar fhoillseachadh. Tha sinn air sgrìobhaidhean bho chòrr is 90 ùghdar eadar-dhealaichte a chur an clò. Ma chuireas sinn na sgrìobhadairean a bha an sàs ann an *Litir Chun an t-Saighdeir Gun Ainm* ris an liosta, tha an àireamh de dh'ùghdaran Gàidhlig a dh'fhoillsich sinn a' tighinn faisg air 140.

Tha còrr is 60 boireannach an lùib na sgrìobhaidhean (agus triùir eile an lùib CLÀR fhèin!). Adhbhar-misneachd, gu h-àraid ma nìthear coimeas eadar seo agus luchd na Beurla thar na 25 bliadhna a dh'fhalbh, is iad fhèin slaodach a thaobh cothrom a thoirt don h-uile duine. Dh'fhaodadh leasachaidhean a bhith ann, ach chan eil muinntir na Gàidhlig a' dèanamh cho dona.

Bha sinn ag obair an ìre mhath gu saor-thoileach. *Grass-roots* a chanadh iad ris: chan e *'job creation'* a bh' ann, mar a thuirt aon dhe na bàird a dh'fhoillsich sinn, Rabbie.

Bha sinn a' feuchainn ri sgrìobhadh de gach seòrsa a thoirt am follais, agus rinn sinn ar dìcheall deagh choltas a thoirt air na foillsichidhean nam b' urrainn dhuinn. An cois seo, gheibhear blasad dhe na leabhraichean; eadar ficsean, rosg eile, bàrdachd, an iris STEALL, dràma ionnsachadh, fiosrachadh, beul-aithris, spòrs agus corra leabhar-chloinne. Tha còrr is 30 dhe na leabhraichean againn mar phàirt de shreath Ùr-Sgeul, an co-bhoinn le Comhairle nan Leabhraichean.

Chan eil mòran air fhàgail de dh'fheadhainn: creid neo na creid e, uaireannan tha leabhraichean Gàidhlig a' reic.

'S iomadh uair a chuir sinn seachad a' tadhal air bùithean beaga air Ghàidhealtachd agus anns na h-Eileanan an Iar. A-rithist, bha sinn ga dhèanamh gu saor-thoileach. Ged a tha e math a bhith a' reic air-loidhne tha feum aig daoine air na leabhraichean fhaicinn ann an da-rìreabh, nan làmhan fhèin.

Bu mhath leinn taing a thoirt do na daoine a chuidich sinn thar na 25 bliadhna a dh'fhalbh, eadar Màiri Ceit am Barraigh agus Mìcheal ann am Bonn. Taing shònraichte do na h-ùghdaran: cha robh CLÀR air an gnothach a dhèanamh as ur n-aonais.

Lisa Storey, 2021

Earrann, STEALL 01

"A bharrachd air A-Hiom agus I-Son, bha ochdnar shaibeirneatach eile a' tamh anns an sguat còmhla. Bha iad uile air teicheadh bho shealbh, agus ged a bha iad air tighinn gu Cethleann, planaid a bha miltean de bhliadhnaichean-solais bho chridhe a' Chaidreimh Eadar-Reultaich, fhathast, dh'fheumadh iad a bhith air am faiceall. Bha deagh phrìs air an cinn air a' mhargaid dhuibh, agus gus nach rachadh an glacadh leis na daoine a bha gan sealg, bha iad a' sior imeachd, a' feuchainn gun aire a thoirt thuca fhèin. Mheas iad nach robh na sràidean sàbhailte dhaibh air an oidhche, ach mar an ceudna, bha amharas aca nach biodh an sguat aca ro shàbhailte tron latha."

AN LUINGEAS DORCHA AIR FÀIRE

Tim Armstrong

'S i an nobhail sgeulachd Shàil, Rìosa agus A-Hiom an dèidh *Air Cuan Dubh Drilseach,* a chaidh fhoillseachadh le CLÀR ann an 2013. A rèir an ùghdair: "Na ruith, tachraidh iad ri caractaran craicte, ùra, siubhlaidh iad gu planaidean àraid loma làn choigreach allmhara, agus leanaidh iad orra a' strì an aghaidh chumhachdan dorcha an reul-chrios. A Lir!" (Armstrong, 2016)

Mar *experiment*, dh'aontaich CLÀR agus an t-ùghdar gum biodh *An Luingeas Dorcha air Fàire* na nobhail shreathach, a' nochdadh anns an iris STEALL. Cha b' e a' chiad nobhail Ghàidhlig a nochd san dòigh seo, ach b' e a' chiad tè airson deagh ghreis. Gheibhear 5 caibideilean ann an STEALL. Blasad math air thoiseach air an nobhail slàn.

ISBN 978-1-9161458-4-9
Pàipear agus diodsatach. Foillsichte deireadh 2021
£12.99

Tim Armstrong

Na leabhraichean 25 bliadhna

AN LUINGEAS DORCHA AIR FÀIRE

TIM ARMSTRONG

Earrann

"Cha robh Cameron a' smaoineachadh gur e rud glic a bha seo, agus dh'fhairich e gun robh gu leòr air an t-soitheach a bha ag aontachadh ris. Bhiodh iad fortanach bruidhinn ri duine, nam faigheadh iad air tìr ann a' Hiort. Gu dearbh, bhiodh iad fortanach faighinn air tìr idir, agus bha fathannan agus iomadach sgeulachd ri chluinntinn mu dhaoine a chaidh ann agus a bhàsaich a' feuchainn ri leithid a rud a dhèanamh. Mar a chaidh na bliadhnaichean seachad, 's ann as làidire buileach a bha muinntir an eilein nach tigeadh duine air tìr ann."

HIORT

Iain F. MacLeòid

Nobhail eucoir bho Iain F. MacLeòid, ùghdar *Na Klondykers*, *Am Bounty* agus *Ìmpireachd*. Nuair a gheibhear corp nighean òg air na Eileanan Flannach, tha e coltach gu bheil cùisean gu math dòrainneach air a bhith a' dol air adhart. Thèid iarraidh air D.I. Cameron rannsachadh a dhèanamh, còmhla ris am *pathologist*, Kate St John.

A rèir coltas a' chuirp, 's ann bho Hiort a thàinig an nighean. Ach tha car sa sgeul. 'S e sgeulachd mu dhiomhaireachd an latha an diugh a th' ann, a' figheadh a-steach beatha nan Hiortach mar a bhiodh e aig toiseach an fhicheadamh linn.

Tha ceathramh nobhail Iain F. do CHLÀR a' toirt iomadh car agus bidh i gad chumail air bhioran bho thoiseach gu deireadh.

ISBN 978-1-9161458-8-7
Pàipear, 200+ duilleag, 2020
£9.99

Iain F. MacLeòid

FON CHOILL

Calum L. MacLeòid

Earrann

"Cha tèid à cuimhne dhomh gu bràth, cuiridh mi geall, cò ris a bha e coltach a bhith nam sheasamh anns an stèisean rèile ann an Cnoc Rìoghail, a' feitheamh gus an tilleadh Tormod Iain le tiogaidean. Chan fhaca mi togalach a-riamh cho trang agus cho làn de dhiofar dhaoine, diofar chinnidhean, nàiseanan an t-saoghail uile cha mhòr an siud. Aig an àm cha mhòr gum b' aithne dhomh cò às a bha duine aca. Cha robh mi fiù 's air dealbhan fhaicinn de chuid dhiubh. 'S e na Sìonaich an aon treubh a bha mi air fhaicinn roimhe, leis gun do thog iadsan an rathad-iarrainn againn."

Bhuineadh Dòmhnall Moireasdan, am Megantic Outlaw, do theaghlach Leòdhasach a rinn an dachaigh ann am Megantic ann an Canada anns an dàrna leth de na 1800an.

Ged as e caractar eachdraidheil a th' ann an Dòmhnall, tha Calum L. MacLeòid, ùghdar *A' Togail an t-Srùbain*, air caractaran làidir, tarraingeach eile a chruthachadh timcheall air. Bheir iad sin, agus na h-ìomhaighean cumhachdach, fiosrachadh dhan leughadair air cho cruaidh 's a bha beatha nan Gàidheal a chaidh a Chanada agus iad a' sireadh beatha na b' fheàrr agus na b' fhasa dhaibh fhèin. Tha an èiginn fhèin aig pàrantan Dhòmhnaill agus an t-airgead gann orra. Dìreach mar a bha san t-Seann Dùthaich tha an t-airgead agus na h-ùghdarrais fhathast nan aghaidh, gun luaidh air talamh doirbh agus droch shìde.

Sgeulachd iongantach air a roinn na ochd pàirtean, uile gu math diofraichte – mar eisimpleir 's e litrichean eadar Dòmhnall 's a phiuthar, a mhàthair agus a bhràithrean a th' ann am fear de na pàirtean, agus 's e aithris a th' ann an cuid eile.

Am Megantic Outlaw – ciamar a thèid dha?

ISBN 978-1-9161458-7-0
Pàipear, 360 duilleag, 2020
£9.99

Calum L. MacLeòid

FO BHLÀTH

Niall O'Gallagher

Seo an treas cruinneachadh bàrdachd aig Niall O'Gallagher, ùghdar *Suain nan Trì Latha* (2016) agus *Beatha Ùr* (2013), foillsichte le CLÀR cuideachd. Chan eil tionndadh Beurla ann an gin dhe na leabhraichean aig Niall do ChLÀR. Seo na tha an t-ùghdar ag ràdh mu fhèin-eadar-theangachaidhean agus dàin dà-chànanach:

"Thug fèin-eadar-theangachadh chun na Beurla cothrom do Nabokov agus Brodsky a' cheansaireachd a sheachnadh. Ach dhomh fhìn, nam bhàrd Gàidhlig ag obair ann an Alba aig toiseach na ciad linne fichead, is e fèin-cheansaireachd a bhiodh ann, neo fèin-cheannsachadh, na ghèilleadh ris a' bhailbhe. Tha an dàn dà-chànanach coltach ri dealan-dè ann an ciste ghlainne: àlainn, is dòcha, ach ribte, marbh, gun chomas sgèith."

Ma tha sibh airson tuilleadh fiosrachaidh fhaighinn, tha beachd Nèill a' nochdadh ann an STEALL 02.

ISBN 978-1-9161458-5-6
Pàipear, 48+ duilleag, 2020
£9.99

Niall O'Gallagher

Beachdan air sgrìobhadh Nèill

"I don't know if any other poet in our lifetime has crossed the causeway between the old and the new so ably and so honestly" An t-àrd Ollamh Alan Titley, Comhar, 2018

"A brilliant ... contemporary practitioner of classical Celtic verse." Llŷr Gwyn Lewis, 2017

Ann an 2019, chaidh Niall O'Gallagher ainmeachadh mar chiad Bhàrd Baile Ghlaschu.

Dùthaich a bha dha-rìribh nàimhdeil

"Bha mi gay ann an dùthaich a bha dha-rìribh nàimhdeil, neo-fhulangach don t-seòrsa ud, nuair a fhuair mi m' àrach; nam Chaitligeach, agus na daoine Caitligeach a' fulang claon-bhàidh agus eadar-dhealachadh tàmailteach ann an Alba; nam Albannach, nuair nach robh mòr-chultar ann, a rèir coltais, seach cultar na Beurla."

Crìsdean MacIlleBhàin, STEALL 01, 2016

LEANABACHD A' CHO-GHLEUSAICHE

Crìsdean MacIlleBhàin

Tha na dàintean san leabhar seo a' dèiligeadh ri cuspairean anabarrach eadar-dhealaichte – caraid aig caraid ris nach fhuaras riamh cothrom coinneachadh; dùsgadh sa mhoch-thràth is leannan ri do thaobh; an t-iomagain is an neo-thèarainteachd a dh'fhairicheas am bàrd mu na tha e a' sgrìobhadh agus àite san t-saoghal; an ceangal trioblaideach a bh' aige ri mhàthar fhèin; ceòl Schumann is dealbhan Vuillard; leanabachd a' cho-ghleusaiche Martinú, ann an àrd-stìopall eaglais baile bhig san t-Seic, fada bho na daoine is bhon tìr.

Tha bàrdachd MhicIlleBhàin an-còmhnaidh lìomhaichte is sgileil, làn ìomhaighean nuadha is neo-àbhaisteach, a' cosnadh thachartasan is lèirsinnean ùra do litreachas na Gàidhlig.

A bharrachd air an leabhar seo do ChLÀR, am measg rudan eile, tha Crìsdean MacIlleBhàin air tionndaidhean Gàidhlig a dhèanamh air dithis eadar-nàiseanta ainmeil, Marina Tsvetaeva às a Ruis agus Sandor Márai às an Ungair. Tha iad sin rim faighinn – airson a'chiad uair a-riamh – ann an STEALL 03.

ISBN 978-1-9161458-6-3
Pàipear, 72 duilleag, 2020
£9.99

Crìsdean MacIlleBhàin

STEALL

Thòisich STEALL, iris litreachais a tha ag amas air sgrìobhadh ùr a thoirt gu aire dhaoine – agallamhan, ficsean, aistidhean, bàrdachd, sgrùdadh agus eile – ann an 2016.

Chuir sinn romhainn gum biodh STEALL a' nochdadh dà thuras sa bhliadhna ann an cruth sònraichte (am measg rudan eile: eadar 120 agus 160 duilleag, agus air a dhealbhachadh aig àrd ìre ann am pàipear), le cuideam air sgrìobhadairean ùra AGUS sgrìobhadairean stèidhichte. A thaobh *submissions*, bha sinn fosgailte do dh'iarrtas bho ùghdar sam bith. Fhad 's a bha an sgrìobhadh math, 's e ann an Gàidhlig, bha ùidh againn ann.

Tha sinn air ar dòigh gu bheil sinn air sgrìobhadairean ùra a chur ann an clò leithid Jane NicLeòid, Iain Beggs, Mòrag Anna NicNèill neo 'Mogi' mar as fheàrr a dh'aithnichear i (tha i mar JK Rowling Horgaboist a-nist, ach bha i 'ùr' aig an àm!), Sarah Scott, Alasdair Stephen, John McGeachy, Joan NicDhòmhnaill, Roddy Neithercut, Ciorstaidh Galloway agus Ailean Maden.

Fhuair sinn stiùireadh glic agus taic air leth, ged nach aidich e fhèin sin, bho John Storey aig Comhairle nan Leabhraichean, le bhith a' cur air chois iris 'cheart'. Sgur taic John, agus tha sinn ga ionndrainn. Tha deagh sgioba-deasachaidh againn: Niall O'Gallagher, Ruairidh MacÌomhair agus, bho chionn ghoirid, ar prìomh neach-deasachaidh, Gillebrìde MacIlleMhaoil. Tha an taic a fhuair sinn bho choimhearsnachd na Gàidhlig – leithid an fheadhainn a th' air a bhith a' sgrìobhadh leirmheasan, mar eisimpleir Petra Johana Poncarová – na adhbhar misneachd.

Na duiligheadasan a th' air a bhith ann? Reic. Chan e *freesheet* (can, mar 'Tuath') a th' ann an STEALL, neo iris air-loidhne a-mhàin, 's a h-uile rud an-asgaidh don leughadair. Tha againn ri reic a dhèanamh, agus chan eil duine againn a' faighinn tuarastal gus sin a choileanadh. Chan eil sinn a' gearan, na togaibh ceàrr sinn. Ach chan eil e furasta.

STEALL 05

Ma tha thu nad *nerd* Gàidhlig – tha iad ann! – seo *statistic* neo dhà a thaobh STEALL:

- Gu ruige seo (01–05) chaidh 52% de stuthan STEALL a sgrìobhadh le luchd-ionnsachaidh.
- Tha a' mhòr- chuid de sgrìobhadairean STEALL – 58% – a' fuireach air tìr-mòr neo anns na bailtean.
- Tha sgrìobhadairean a tha a' fuireach ann an Dùn Èideann air a bhith anns gach iris.
- Tha 12% de sgrìobhadairean STEALL a' fuireach thall thairis – nach math sin! – mar eisimpleir ann an Canada, na Stàitean Aonaichte, Poblachd nan Czech neo Èirinn.
- 'S e 30% de sgrìobhadairean STEALL a tha fuireach anns na h-Eileanan an Iar neo san Eilean Sgitheanach.
- Dh'fhoillsich sinn còrr is 50 sgrìobhadair anns na ciad irisean de STEALL, a' dearbhadh gu bheil sgrìobhadair Gàidhlig neo dhà air fhàgail fhathast, a dh'aindeoin an *Gaelic Crisis*!
- B' ann an STEALL 02 a thug sinn sùil air Dòmhnall Iain Trump an toiseach.

Chan eil e cho sìmplidh iris mar seo ann an Gàidhlig a-mhàin a chumail a' dol, gu h-àraid ma dh'fheumas cuideam a bhith air reic, agus tha sinn an dòchas gun tèid againn air sin a dhèanamh sna bliadhnachan a tha romhainn. Ge brith dè thachras, tha sinn moiteil à STEALL agus mar a chaidh dhuinn anns na ciad irisean.

Catriona Mhoireach, 2020

Na sgrìobhadairean
Tim Armstrong / Iain Burns Caimbeul / Liam Alasdair Crouse / Ailean Maden / Derek MacAoidh / Pàdraig MacAoidh / Ailean MacLeòid / Calum MacLeòid / Calum L. MacLeòid / Seonag Monk / Mìcheal Newton / Maureen NicLeòid / Niall O'Gallagher / Séamus Barra ó Súilleabháin / Petra Johana Poncarová / Lisa Storey / Moray Watson

"Mar chuideigin òg, thug e an uiread misneachd agus toileachas dhomh cothrom-fhoillseachaidh fhaighinn anns an iris STEALL."

Ciorstaidh Galloway, Dùn Èideann, 2020

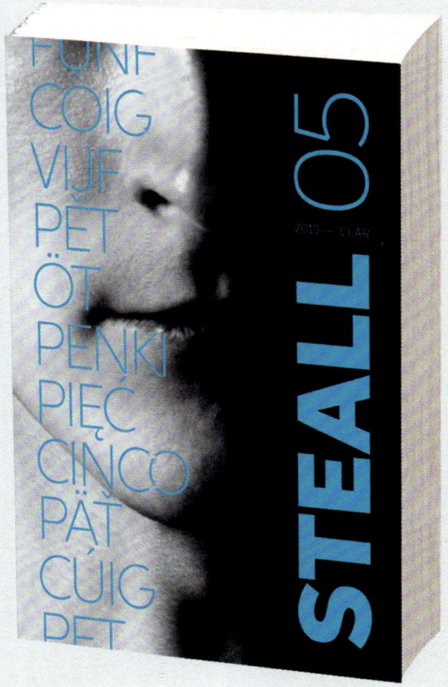

AN T-URRAMACH IAIN MACRUAIRIDH

Calum Laing

Tha Calum Laing air mòran rannsachaidh a dhèanamh air obair Iain MhicRuairidh, bràthair a sheanar, agus anns an leabhran seo gheibhear fiosrachadh mionaideach is feumail air a bheatha is air na sgrìobh e, cuin a sgrìobh e e agus càite. Nochd a' chiad riochd dhen chunntas seo ann an *TGSI* le Comunn Gàidhlig Inbhir Nis. Bidh mòran a bharrachd eòlais againn air àite-san ann an litreachas na Gàidhlig o seo a-mach.

ISBN 978-1-900901-75-8
Paipear, 124 duilleag, 2015
£6.99

A' BHÀRDACHD AIG DÒMHNULL IAIN MACFHIONGHUIN – RABBIE

Dòmhnull Iain MacFhionghuin

'S e àite prìseil a bh' ann am Barraigh do Dhòmhnull Iain – "eilean nan glaicean, nan stacan 's nan caol". Coltach ri iomadach Barrach eile, chuir e seachad pàirt mhath dhe bheatha na sheòladair aig muir. Thòisich e air rannan a chur còmhla mu làithean òige am Barraigh agus chùm e a' dol a' cruthachadh òrain nuair a dh'fhàg e muir 's a bha e seatlaigte sna Horgh còmhla ri bhean 's a theaghlach. Anns an leabhar, tha na rannan fhèin, dealbhannan, ro-ràdh le Màiri Ceit NicFhionghuin agus notaichean mu fheadhainn dhe na h-òrain.

ISBN 978-1-9161458-2-5
Pàipear, 108 duilleag, 2020
£8.99

DÀIN NAN DÙIL

Deborah Moffatt

Anns a' chiad cruinneachadh Gàidhlig aice, tha saoghal nàdarra tìr a h-àraich – àite iomallach le coilltean dlùth agus corra thuathanas beag, bochd – gu mòr air inntinn Deborah nuair a bhios i a' dèanamh dàin.

Bidh i cuideachd a' sgrìobhadh mun t-saoghal mhòr le cuid dhe na dàin stèidhichte ann an Ameireaga a Deas, san Ear Mheadhain, ann an Ranntairean ceann an iar-thuath Chanada, a bharrachd air Alba agus Èirinn.

ISBN 978-1-9161458-1-8
Pàipear, 108 duilleag, 2020
£8.99

SEÒL MO BHEATHA

Dòmhnall Eachann Meek

"Turas eadar Croit is Eilean is Oilthigh" -'s e sin a th' ann an eachdraidh-beatha Dhòmhnaill Eachann Meek. Tha a' mhòr chuid eòlach air Dòmhnall mar sgoilear a chuir seachad a bheatha ann an àrd-fhoghlam nan oilthighean air tìr-mòr. Ach an *Seòl Mo Bheatha*, ged tha, chan ann air àrd-fhoghlam as motha a tha a shealladh, ach air an dlùth-cheangal a bha aige riamh ri croit a shinnsearan anns a' Chaolas ann an Tiriodh.

Tha tlachd is mì-thlachd, fois is an-fhois, buannachd is call, aoibhneas is bròn, air am fighe air feadh sgeulachd Dhòmhnaill.

ISBN 978-1-9161458-0-1
Pàipear, 286 duilleag, 2019
£9.99

CEIT AN TÀILLEIR À BEÀRNARAIGH

Deasaichte le Alison Dix

Nach math gun robh daoine a chaidh am bogadh ann am beul-aithris agus eòlas mun choimhearsnachd aca fhèin, mar a bha Ceit Dix ann am Beàrnaraigh, deònach na sgeulachdan 's an eachdraidh a chual' iad a sgaoileadh nar measg.

Fhuair Ceit an cothrom sin a dhèanamh nuair a bha Iain Peatarson, e-fhèin à Beàrnaraigh, ag obair an Sgoil Eòlas na h-Alba. Chaidh mòran dhen stuth a chlàr e bhuaipe a chur an uair sin ann an Tobar an Dualchais. Tha Alison, ogha Ceit, air taghadh ùidheil dheth a thoirt dhuinn agus dàin a rinn Ceit cuideachd.

ISBN 978-1-900901-97-0
Pàipear, 80 duilleag, 2018
£7.99

SÙIL AIR AIS ANNS AN SGÀTHAN

Murchadh Peutan

A bharrachd air cho measail 's a tha e air seann tractairean, tha iomadach tachartas sa bheatha aig Murchadh Peutan air an innse an seo ann an dòigh inntinneach, aotrom – bho òige san Eilean Sgitheanach, ag obair air a' phoileas an Glaschu, a' teagasg ann an sgoil an Ceinia agus eile.

Bha e an uair sin a' teagasg Saidheans agus Matamataig tro mheadhan na Gàidhlig ann an Àrd-sgoil Phort Rìgh, obair a chòrd ris gu mòr.

ISBN 978-1-900901-95-6
Pàipear, 64 duilleag, 2018
£7.99

Na leabhraichean 25 bliadhna

Murchadh Peutan

SÙIL AIR AIS ANNS AN SGÀTHAN

Aire às ùr gu nàire eachdraidh Bhreatainn

"Le caochladh charactaran làidir tha turas an leughadair air a shnìomh tron t-strì chothrom bhòtaidh nam ban, agus an iomairt airson poblachd ann an Èireann. Aig amannan tha an sgeulachd gu math dòrainneach ach, ged is e nobhail a th' innte, 's fhiach cuimhneachadh gum bheil i stèidhichte air cùisean a thachair agus air modhan-obrach a bha àbhaisteach! Ged nach dèanadh *Còig Duilleagan na Seamraig* an còrr ach gun toireadh i aire às ùr gu pàirtean gu math nàr de dh'eachdraidh Bhreatainn, bu mhath sin! Ach tha an leabhar cuideachd tlachdmhor a leughadh le measgachadh de ghaol, de ghràin, is de bhròn, mar a bhithte a' sùileachadh ann an deagh sgeul sam bith."

Ailean Caimbeul, Tìm an Òbain, 2019

CÒIG DUILLEAGAN NA SEAMRAIG

Ruairidh MacIlleathain

Leabhar Na Bliadhna, Duais Dhòmhnaill Meek 2018

'S e nobhail phoilitigeach de ghnè a tha gann ann an litreachas na Gàidhlig a th' ann an *Còig Duilleagan na Seamraig*. Tha an stòiridh, a tha a' gluasad eadar a' Ghàidhealtachd, Èirinn, Lunnainn agus Paris a' gabhail a-steach thachartasan mòra o chionn ceud bliadhna co-cheangailte ri Dòmhnall MacCoinnich à Geàrrloch a tha na oifigear-dìon agus tosgaire dìomhair do Dhaibhidh Lloyd George, am fear-politics as cumhaichte a th' ann. Tha adhbhar saorsa na h-Èireann a' greimeachadh air cogais Dhòmhnaill agus tha a dhìlseachd do dh'Ìmpireachd Bhreatainn a' tighinn fo dheuchainn mhòr.

ISBN 978-1-900901-99-4
Pàipear, 392 duilleag, 2019
£9.99

Ruairidh MacIlleathain

Na Sgeulachdan
An Cù 's am Madadh-Allaidh
Am Balach Ceàrr
Am Buachaille
Ann an Taigh nan Càirdean
An Doras a Chunnaic Uiread
Bellag et al
An Còta Dathach
Taigh Ùr Dhòmhnaill Iain
Tuil
Famhair
Air a' Chreagach

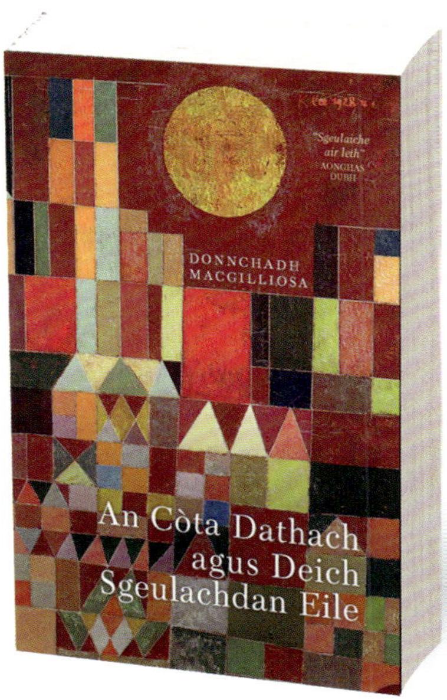

AN CÒTA DATHACH AGUS DEICH SGEULACHDAN EILE

Donnchadh MacGillIosa

"Tha e inntinneach na tha ann de charactaran boireann san leabhar seo, agus ann an cuid de na sgeulachdan tha cùisean air an aithris bho shealladh boireannaich no caileig. Chan eil a h-uile sgrìobhadair comasach air a' chleas seo a dhèanamh, ach tha MacGillIosa tuilleadh is comasach."

Moray Watson, STEALL 05, 2019

Seo an treas cruinneachadh aig Donnchadh MacGillIosa. Rinn e dà chruinneachadh de sgeulachdan goirid don t-sreath Ùr-Sgeul, foillsichte le Clàr (*Tocasaid 'Ain Tuirc* ann an 2004, agus *Màiri Dhall agus Sgeulachdan Eile* ann an 2013).

ISBN 978-1-900901-93-2
Pàipear, 120 duilleag, 2018
£9.99

Donnchadh MacGillIosa

SEÒLAIDH MISE NULL

Bàrdachd agus Rosg le Mgr Iain Dhonnchaidh
Deasaichte le Iain MacDhòmhnaill

Ged a tha iomadach bliadhna o dh'eug an t-Athair Iain MacIlleMhaoil à Barraigh(1880–1951) tha deagh chuimhne air fhathast – mar shagart, mar bhàrd agus mar dhuine air an robh meas mòr. Tha grunn dhe na h-òrain aige gan seinn fhathast, ach cha deach na rinn e a chruinneachadh cruinn, còmhla thuige seo, is a-nis gabhaidh sealladh coileanta fhaighinn air na dh'fhàg e.

Tha iomradh mionaideach air a bheatha aig toiseach an leabhair. Tha dealbhannan ann cuideachd.

ISBN 978-1-900901-91-8
Pàipear, 176 duilleag, 2018
£8.99

Mgr Iain Dhonnchaidh

Earrann

"Bha Mgr Iain sa Bhàgh a Tuath nuair a thàinig Iain Latharna Caimbeul (aig an robh Canaigh às deaghaidh seo) a dh'fhuireach a Bharraigh, agus sgrìobh an Caimbeulach 'Our Barra Years' dhan *Scots Magazine* ann an 1975. Bha seo gu sònraichte mu Chompton MacCoinnich, ach rinn e dealbh cuideachd air mar a bha Barraigh anns na 1930an nuair a chuir e fhèin seachad ceithir bliadhna gu leth a' fuireach ann, agus air na daoine tlachdmhor a bh' anns an eilean an uair sin ..."

IMD

A' TOGAIL AN T-SRÙBAIN

Calum L. MacLeòid

Anns a' chiad nobhail aig Calum L. MacLeòid, tha am prìomh charactar Daibhidh Mac an Tòisich air a bhuaireadh le smuaintean draghail nach fhaigh e às a cheann. Às dèidh dha beagan a chosnadh san Eilean le bhith a' togail shrùban air an Tràigh Bhàin, thèid a bheatha troimhe chèile nuair a lorgas e corp anns an fheamainn, corp air nach robh sgeul nuair a dhùisg Daibhidh às an laigse dhan do thuit e.

Mar a thuirt Moray Watson "chan e leabhar aotrom a th' ann … tha e fada nas susbaintiche na sin."
(lèirmheas ann an STEALL 04)

ISBN 978-1-900901-92-5
Pàipear, 208 duilleag, 2017
£9.99

SUAIN NAN TRÌ LATHA

Niall O'Gallagher

"Coma leat haiku no sonnet, tha O'Gallagher a' feuchainn ri ath-bheòthachadh a thoirt air meadarachd chlasaigeach na Gàidhlig …"

Anne Frater, STEALL 04, 2018

Cluinnear mac-talla nan *dàn-dìreach* anns an dàrna leabhar den bhàrdachd aig Niall O'Gallagher. Uair eile, tha dàin gràidh aig cridhe a' chruinneachaich, co-dhiù eadar leannain neo eadar athair ùr agus a mhac. Gluaisidh na dàin bhon òg-mhadainn tro bhruthainn an fheasgair gu marbh na h-oidhche fo shoillse nan reultan.

ISBN 978-908901-85-7
Pàipear, 64 duilleag, 2016
£9.99

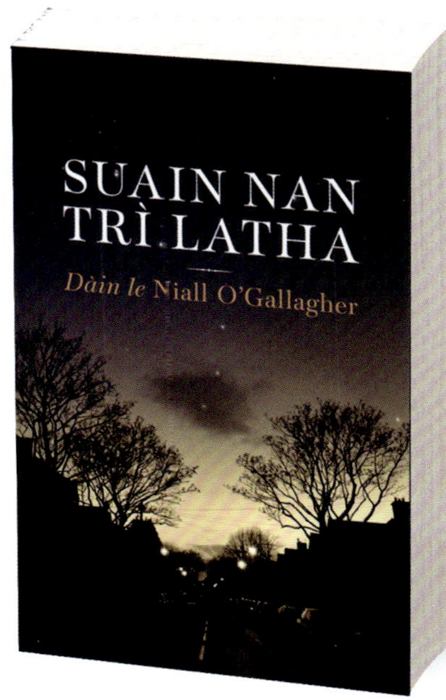

LITIR CHUN AN T-SAIGHDEIR GUN AINM

Sgrìobhadairean òga, ùra agus stèidhichte
Deasaichte le Lisa Storey agus Catrìona Mhoireach

"Nan robh thu a' dol a sgrìobhadh gu cuideigin a bha na shaighdear sa Chiad Chogadh, dè chuireadh tu dhan litir?"

'S e sin a chaidh a ràdh ri daoine gus am brosnachadh nan litrichean san leabhar seo a sgrìobhadh. Ghabh BBC Radio nan Gàidheal ùidh sa phròiseact agus chaidh litrichean bho chuid dhen luchd-èisteachd acasan a chraoladh. Tha 52 dhe na litrichean san leabhar.

Na sgrìobhadairean
Màiri Alice Bartlett, Iain Beggs, Ailean Caimbeul, Catrìona Lexy Chaimbeul, Liam Crouse, John Neil Dòmhnallach, Aonghas Dòmhnullach, Anndra Dunn, Daibhidh Eyre, Ailsa Ghreumach, Mìcheal Hill, Peter Karikas, Criosaidh Lawson, Ùisdean Mac a' Ghobhainn, Marcas Mac an Tuairneir, Tomaidh MacAsgail, Alasdair MacCaluim, Pàdraig MacAoidh, Rory MacDiarmid, Alasdair MacEachainn, Iain MacFhionghain, Calum MacFhionghuin, Dòmhnall Ryno MacGilleMhoire, Ruairidh MacIlleathain, Ruairidh G Macilleathain, Gillebride Mac 'IlleMhaoil, Coinneach MacÌomhair, Dòmhnall Iain MacLeòid (saidhceòlaiche), An t-Urramach Dr Ruairidh MacLeòid, Am Brigadier Iain MacPhàrlain, Coinneach I. MacPhilip, Seona McLintock, Ceitidh Mhoireach, Iain Stephen Moireasdan, Ceitlin Nic a' Ghobhainn, Eilidh Nic a' Phì, Marie C. NicAmhlaigh, Catrìona NicDhonnchaidh, Annabel NicIllinnein, Cairistìona NicÌomhair, Ciorstaidh NicLeòid, Linda NicLeòid, Marnie NicLeòid, Sìne (Jayne) NicLeòid, Marie NicMhathain, Anna NicSuain, Murchadh Peutan, Agnes Rennie, Chrisella Ross, Hamish Alistair Scott, Cailean Spencer agus Cairistìona Stone

ISBN 978-1-900901-82-6
Paipear, 140 duilleag, 2016
£9.99

Na leabhraichean 25 bliadhna

LITIR CHUN AN T-SAIGHDEIR GUN AINM

RO FHADA SAN T-SUIDHEACHADH SEO

Alasdair Caimbeul

Leabhar na Bliadhna – Duais Dhòmhnaill Meek 2015

"Dè tha thu dol a dhèanamh, Rocky? Coma leat dhen ghleoc."
"Dol a dh'fhalbh. Dè eile?"
"Cà 'il thu dol?"
"Dol a theich às an diabhal àite seo. Làn thìd' agam."
"C' àite?"
"Uill … cò aig tha fios. Na Hearadh? Hiort?"
"Beiridh a' bhiast ort an sin cuideachd."
"Tiera del Fuego?"

ISBN 978-1-900901-34-2
Paipear, 128 duilleag, 2015
£9.99

SA BHÙTH 'S AN TAC AN TEINE

Cairistìona Stone

"Chan e leabhar a th' ann a dh'fheumas tu a leughadh bho thoiseach gu dearbhadh, ged a dh'fhaodadh tu sin a dhèanamh, ach faodaidh tu cuideachd tumadh a-steach ann …"

Mòrag NicNèill, STEALL 02, 2017

Bhiodh daoine de gach seòrsa, às gach ceàrnaidh den sgìre, a' tighinn còmhla ann am bùth phàrantan Chairistìona Stone sa Bhac an Leòdhas. Chuireadh iad seachad tìde a' còmhradh ri chèile.

Chleachd Cairistìona na bha cuimhne aice a bhith cluinntinn tric aig an àm sin na beatha gus na sgeulachdan beaga, aotrom san leabhar seo a thoirt còmhla.

ISBN 978-1-900901-83-3
Paipear, 144 duilleag, 2016
£7.99

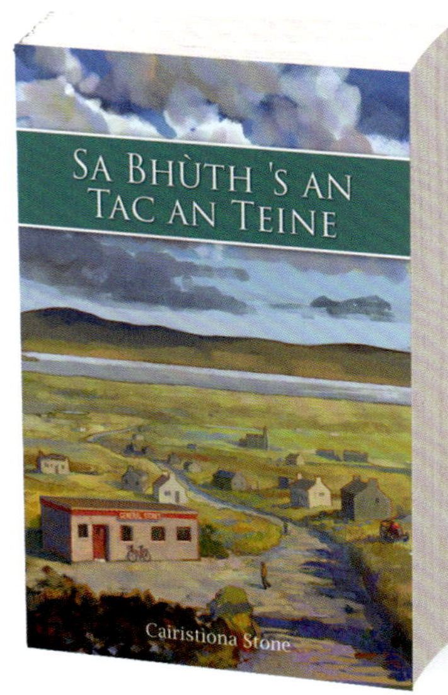

D.M.N.C.

Sgrìobhaidhean Dhòmhnaill Mhic na Ceàrdaich
Deasaichte le Lisa Storey

Na bheatha ghoirid, sgrìobh Dòmhnall Mac na Ceàrdaich (1885–1932) mòran òran agus pìosan bàrdachd, sia dealbhan-cluiche, deannan aistidhean fada, sgeulachd ghoirid agus diofar phìosan eile de rosg cruthachail.

Mar a thuirt Aonghas MacLeòid, sgoilear òg aig a bheil ceangal ri Barraigh, anns an ro-ràdh aige don leabhar, "tha e glè shoilleir gu robh Mac na Ceàrdaich fosgailte ri gach annas agus iongnadh a bha mun cuairt air, gu h-àraidh ann an saoghal na h-ealaine, na bheatha spioradail agus ann an connspaid phoilitigs, a bharrachd air teicneòlas a raon-obrach."

ISBN 978-1-900901-78-9
Paipear, 480 duilleag, 2014
£9.99

Sgrìobhaidhean Mhic na Ceàrdaich

'S e sgrìobhadair cudromach a bh' ann an D.M.N.C.: ùghdar, 's dòcha, nach d' fhuair aire mar bu chòir.

Chan eil e air a bhith furasta do dhaoine san fharsaingeachd a chuid sgrìobhaidh a lorg. Shaoil CLÀR gum biodh e feumail obair chruthachail a' Bharraich seo a chruinneachadh agus a thoirt còmhla ann an leabhar.

Nochd a chuid bu mhotha dhen sgrìobhadh aige ann an diofar irisean toiseach na 20mh linn. 'S dòcha gum bi eòlas aig feadhainn de luchd-leughaidh air cuid dhe na sgrìobhaidhean sin, leithid an dealbh-chluich *Crois-Tara*, a' bhàrdachd *Là nan Seachd Sion*, no an t- òran *A' Bheannachd Bharrach*, a sgrìobh e mar chuimhneachan air na Barraich a dh'fhalbh a Chanada ann an 1924.

Tha sinn fortanach gun deach feadhainn dhe na ciad òrain aige nach deach fhoillseachadh riamh a ghleidheadh ann am Barraigh. Bha meas mòr aig daoine air na h-òrain, feadhainn dhiubh gu math aotrom leithid *Oran nam Fasan* agus *Cailleachan an t-Snaoisein*. Tha cuid dhiubh sin sa chruinneachadh seo.

Tha CLÀR gu mòr an comain chàirdean Dhòmhnaill ris an do bhruidhinn sinn, 's iad toilichte gum faiceadh iad a chuid sgrìobhaidh a-rithist ann an clò.

NAS GILE NA SNEACHD

Cairistìona Stone

Nobhail do dheugairean òga, neo fileantaich aig ìre àrd sa bhun-sgoil. Tha Eilidh a' fàs suas ann an coimhearsnachd far a bheil an creideamh Crìosdail gu math cudromach. 'S e a' bhliadhna 1905 a th' ann. Tha tachartasan – math agus dona – ga gluasad gu smuaintean gu math domhainn. Cha robh e furasta dhi maitheanas a thoirt dhan dithis bhalach a bha a dèanamh buaireadh sa choimhearsnachd.

ISBN 978-1-900901-79-6
Paipear, 192 duilleag, 2015
£7.99

BEATHA ÙR

Niall O'Gallagher

"At 36 poems, only three longer than a page, the volume may be slim, but it's decidedly athletic. He has woven 10 eloquent Petrarchan sonnets, a bit of a first for Gaelic verse, through the collection, on art themes, inhabited places and – erotically – on love. Gaelic poetry welcomes an exciting new (this time essentially urban) voice"

Aonghas MacNeacail, The Herald, 2013

Anns a' chiad leabhar dhàn aige, tha am bàrd a' leantainn Chatulluis tro shràidean Bhaile Mhòr nan Gàidheal, agus a' toirt dhuinn shonaidean Eadailteach air gaol agus ealain.

ISBN 978-900901-73-4
Paipear, 48 duilleag, 2013
£8.99

Dàin ealanta

Am measg na dealbhan ainmeil air a bheil Caimbeul a' meòrachadh, tha: Madonna nan Creagan (c.1483) le Leonardo da Vinci; Arrangement in Grey and Black: Dealbh dhe Màthair a' Pheantair (1871) le James McNeill Whistler; Aisling às dèidh an t-Searmoin (1888) le Pol Gauguin; Dannsa na Beatha (1899–1900) le Edvard Munch; agus Dealbh de Violette Heyman (1909) le Odilon Redon. Tha mesostic dha Somhairle MacGill-Eain ann cuideachd.

TRO CHLOICH NA SÙLA

Maoilios Caimbeul

Tha sean agus ùr a' measgachadh còmhla ri chèile sa chruinneachadh bàrdachd seo.

Ann am fichead dàn aig toiseach an leabhair, tha am bàrd a' rannsachadh na buaidh a bh' aig creideamh air luchd-ealain ainmeil Eòrpach – mar Da Vinci, Gauguin, Blake agus Chagall – tro na linntean, le bhith meòrachadh air dealbhan sònraichte leis an luchd-ealain sin.

Ann am fichead dàn eile, tha am bàrd a' dèiligeadh ri iomadh cuspair, leithid coimhearsnachd, poilitics agus nàdar ann an stoidhle nuadh-bhàrdail.

ISBN 978-900901-77-2
Paipear, 104 duilleag, 2013
£9.99

Maoilios Caimbeul

SHEÒL MI 'N UIRIDH

Òrain mun t-Seòladh

Màiri Nic a' Ghobhainn

Toradh rannsachaidh iongantach thar grunn bhliadhnachan leis an t-sèinneadair Màiri Nic a' Ghobhainn, tha òrain, seòladairean agus na soithichean air an do sheòl iad anns an leabhar seo. Air a dhealbhachadh ann an stoidhle *'sailor's scrapbook'*, gheibhear sealladh sònraichte air òrain Ghàidhlig iongantach bhon 20mh Linn, agus na seòladairean a sgrìobh iad. Leabhar priseil.

ISBN 978-1900901-50-1
Paipear, 120 duilleag, 2009
£7.99

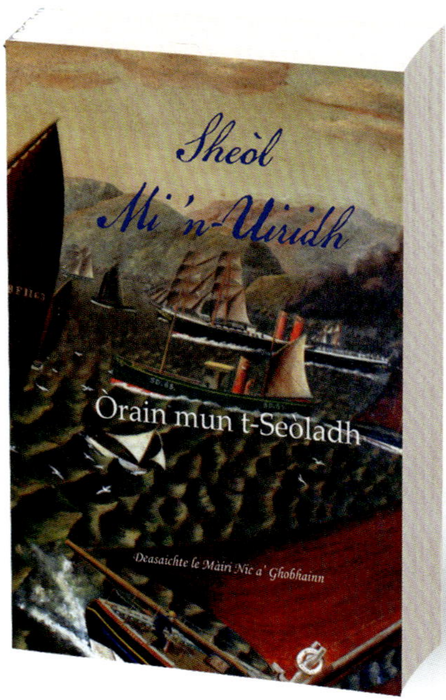

CÀTH ANNS A' GHAOITH

Niall Brownlie

'S ann am Barrapol an Tiriodh a chaidh Niall M. Brownlie a thogail, ann an dachaigh 's an coimhearsnachd far an robh a' chànan 's an dualchas air leth làidir. Bhiodh sgeulachdan à beul-aithris rin cluinntinn gu tric. Leis a' spèis a bh' aige dha a chiad chànan 's dhan dualchas, chaidh Niall a ghluasad gu sgeulachdan a chruthachadh. Tha raon farsaing san dà sgeulachd dheug seo gar toirt bho thachartasan sna seann linntean gu suidhichidhean doirbh, cunnartach an latha 'n-diugh ann an àiteachan mar Etiòpia, an Fhraing an àm a' chogaidh agus eile.

ISBN 978-1-900901-76-5
Paipear, 164 duilleag, 2013
£8.99

Sgrìobhadair eadar-nàiseanta

"Ar leam-sa gum bheil Aonghas Pàdraig Caimbeul aig toiseach na feadhna a tha cruthachadh 'litreachas-pròis a' Chruinne-Chè' tro mheadhan na Gàidhlig. Chan e a-mhàin gum bheil caractaran, àiteachan, agus cànainean cèin a' nochdadh anns na leabhraichean a tha e a' sgrìobhadh (a bharrachd air earrainn iomadh litreachais), tha e a' suidheachadh nan Gàidheal (agus na Gàidhlig) a-measg threubhan eile, a' dèanamh daoine an t-saoghail mhòir dhiubh, seach Breatannaich a-mhàin a tha (no bha) feumail do'n Ìmpireachd. Le bhith tarraing bho thobraichean fad is farsaing, tha e a' togail guth ùr a tha geurchuiseach agus fìrinneach anns an latha anns am bheil sinn beò."

Mìcheal Newton, 2007

FUARAN CEANN AN T-SAOGHAIL

Aonghas Pàdraig Caimbeul

"*Fuaran Ceann an t-Saoghail* is Aonghas Pàdraig Caimbeul's fifth Gaelic novel and, I think, his best. It's a short novel, running to just 108 pages, but that precision makes it all the better, for here is a whole Gaelic world in miniature ... Campbell adds a very interesting layer to the story by inter-weaving into the novel the 'story' of the young (male) BBC reporter. To what degree is Criosaidh's life-story edited or at least filtered by the perspectives of a young man of the 21st century who is only a quarter of her age?"

Lèirmheas, Gasaet Steòrnabhaigh, 2014

'S iomadh iomhaigh à beatha a h-òige a sheòlas a-mach 's a-steach tro chuimhne Chriosaidh 's i a-nis na seann aois san taigh-eiridinn. Cuimhneachain thoilichte, cuimhneachain mhuladach. Daoine. Òrain. Dibhearsain. Seann sgeulachdan mhìorbhaileach. 'S an fheadhainn òga a tha mun cuairt oirre a-nist – Criosaidh eile air a bheil cùraim nan euslaintich; an craoladair òg a tha a clàradh a seanchais; an dotair – 's neònach mur bi buaidh air choreigin aig fios mun bheatha seo orrasan.

ISBN 978-1-900901-71-0
Paipear, 108 duilleag, 2012
£8.99

Aonghas Pàdraig Caimbeul

AIR CUAN DUBH DRILSEACH

Tim Armstrong

Àbhachdas, aramach, cunnart … agus ceòl

Anns a' chiad nobhail aige tha Tim Armstrong gar stiùireadh gu h-ealanta tro chuan dubh, drilseach a mhac-meanmainn bheothail far a bheil creutairean glè choltach rinn fhìn, agus gu leòr a tha eu-coltach – agus eagallach – a' strì ri chèile; cuid airson ceartas agus cuid airson càch a chumail fo chuing. Am measg na tha seo tha Sàl agus Rìosa a' gabhail turas làn àbhachdais, aramach, cunnairt … agus ceòl.

'S e sgeulachd dhàna, spòrsail a tha seo, ach tè a thogas ceistean mòra cuideachd: mu bheusan, mu phoileataics agus mu theicneòlas, agus aig deireadh na cùise, ceistean mu nàdar a' chinne-daonna fhèin – cò sinne agus dè bhios an dàn dhuinn sna linntean ri teachd?

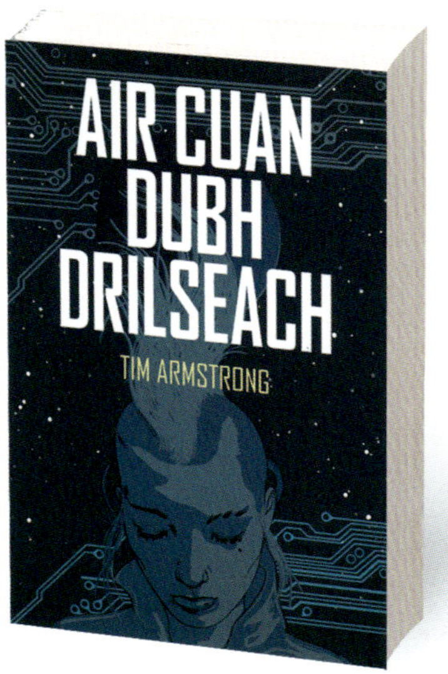

"Clach-mhìle do litreachas na Gàidhlig …"

Ruairidh MacIlleathain, Cothrom, 2013

"Chuirinn e am measg na leth-dusan nobhail Ghàidhlig as fheàrr a dh'fhoillseachadh a-riamh. Bha e na iongnadh dhomh cho furasta a leantainn 's a bha a' Ghàidhlig aige, fiù 's ann an cuspair mar seo far a bheil cunnart gun tèid an rud air fad fodha le cuideam a' briathrachais."

Raghnall MacilleDhuibh, an t-Albannach, 2013

Bhuannaig an leabhar seo duais A' Chiad Leabhar As Fheàrr, Comann Crann na h-Alba, 2013.

ISBN 978-1900901-74-1
Paipear, 224 duilleag, 2013
£9.99

Tim Armstrong

Clì gu deas: Tim Armstrong, John Burnside agus Robin Lloyd-Jones; Duaisean Litreachais an Saltire Society, Leabharlann Mitchell, Glaschu, 2013

CUIRM AN ÒIR – TRÌ DEALBHAN-CLUICHE

Alasdair Caimbeul

Na dealbhan-cluiche: Cuirm an Òir; Shakespeare aig an Doctair; Strainnsear nan Òrduighean

HAMLET (modhail) Agus cò th' agam an seo?
ROMEO Romeo
JULIET(osann) O Romeo, Romeo … nam biodh ainm eile ort ach Romeo!
MAGAIDH (bana-bhuidseach) Man Murchadh.

ISBN 978-1-900901-72-7
Paipear, 104 duilleag, 2012
£6.99

SIA DEALBHAN-CLUICHE

Alasdair Caimbeul

Na dealbhan-cluiche: An Staffroom; Toiseach an Earraich; An Sgrìobhaiche; 'S e Seo do Bheatha; Na Craoladairean; Am Fear a Chaidh dhan Eilean

JESSIE (guth àrd ainmeineach) Agus sguir a dh'òl do theatha leis an spàin anns a' chupan!
D.I.(ag èigheachd) Cofaidh a th' ann! *Cofaidh!*
JESSIE (ag èigheachd) Chuireadh tu a' bhuidheach air na coin!

ISBN 978-1-900901-63-5
Pàipear, 200 duilleag, 2011
£9.99

STEALL À IOMADH LÒN

Seonaidh Ailig Mac a' Phearsain

"Geallaidh mi nach eil an fhìrinn air a fiaradh anns an leabhar seo, ged a tha iomadh uireasbhaidh eile air."

Seonaidh Ailig Mac a' Phearsain

Chuir Seonaidh Ailig Mac a' Phearsain seachad làithean òige anns na Hearadh agus an Uibhist a Tuath. An dèidh sin thòisich e, mar a chanas e fhèin, a' siubhal nan seachd sitigean. Chaidh e air imrich a Chanada agus thug an obair a bha aige an sin, mar chonaltraiche corporra, air an fhalbhan e gu caochladh dhùthchannan. An dèidh còig bliadhna fichead anns a' ghnìomhachas niùclasach thill e a dh'Alba a dh'obair do Sheirbheis nam Meadhanan Gàidhlig – MG ALBA a th' orra an-diugh. Nuair a leig e dheth an dreuchd sin, dhragh a bhean air taod e air ais a Cheap Breatann. Bha e fuireach air bruaich Abhainn Mira, far an do thuinich iomadh Uibhisteach eile. Anns an leabhar seo tha e toirt iomraidh air eachdraidh a bheatha ach cuideachd air an dualchas, an eachdraidh agus an àrainneachd a chuir cruth air a smuaintean agus a ghiùlan.

ISBN 978-1-900901-65-9
Paipear, 400 duilleag, 2011
£9.99

Seonaidh Ailig Mac a' Phearsain

Earrann

"Cha robh cathraiche UKAEA cho stròdhail ris an teaghlach rìoghail ach bha e sireadh inbhe na b'àirde na bh' aige. Nuair a chaidh a sheotadh suas a Thaigh nam Morairean, ged a tha cuid a chuireadh teagamh gur e inbhe chliùiteach a tha sin, fhuair tè bheairteach Aimeireaganach a bha fuireach an Lunnainn an dreuchd aige. Chaill mi cunntais air a h-uile bòrd-stiùiridh air an robh i. Bha i cho trang 's gum biodh i tòiseachadh air a h-obair latha aig leth-uair an dèidh còig 's a' mhadainn. Ach bha i 'g èirigh fada roimhe sin. Leugh mi ann am pàipear gum biodh gruagaire aig aon àm tighinn chun an taighe aice gach madainn aig leth-uair an dèidh ceitheir a sgeadachadh an fhuilt aice gus an robh e coimhead mar gun robh e anns a' frids fad na h-oidhche."

GNÀTHASAN-CAINNT

Dòmhnall Greumach

Bidh a' chuid as motha againn eòlach air gnàthasan-cainnt mar *"Chaidh an ceòl air feadh na fìdhle"* no *"Nach ann dhut a rug an cat an cuilean"*. A bharrachd air an leithid sin, gheibh sinn feadhainn gu math annasach sa chruinneachadh bheòthail seo a rinn Dòmhnall 'Jumbo' Greumach thairis air na bliadhnaichean.

ISBN 978-1-900901-62-8
Paipear, 56 duilleag, 2010
£5.99

MUINNTIR MHIUGHALAIGH

Lisa Storey

"An leabhar as fheàrr a leugh mi mu eilean sam bith"

Dòmhnall Meek, GATH 9, 2008

Bha daoine a' fuireach ann am Miughalaigh, eilean brèagha mu dhusan mìle deas air Barraigh, gus an do dh'fhàg an fheadhainn mu dheireadh e eadar 1907 agus 1912. San leabhar seo tha fiosrachadh mun dòigh-beatha 's mun cleachdaidhean, agus pàirt dhen bheairteas a bh' aca de dh'òrain, sgeulachdan agus beul-aithris, air innse nam briathran fhèin. Beatha dhoirbh ach daoine sunndach, innleachdach.

ISBN 978-1-900901-14-7
Paipear, 164 duilleag, 2007
£8.99

AN T-ÒRAN SÌTH BHUAN

Brian S. MacLeòid

Cruinneachadh bàrdachd (51 dàin) le Brian S. MacLeòid a chaidh a thogail ann am Baddeck an Alba Nuaidh. Ann an 1987 thàinig e a Shabhal Mòr Ostaig far an robh e an sàs ann am Foghlam Gnìomhachais is Gàidhealtachd. Tha e fhèin 's a bhean a' fuireach sa Ghearmailt.

ISBN 978-1-900901-45-1
Paipear, 72 duilleag, 2008
£5.50

INBHIR ÀSDAL NAM BUADH

Òrain agus Dàin Iain Camshron
Deasaichte le Roy Wentworth
agus Maoilios Caimbeul

Seo cuid dhe na dàin agus cuid dhe na h-òrain a sgrìobh Iain Camshron (1919-1989), bàrd Inbhir Àsdal. Mar a tha Maoilios Caimbeul ag ràdh sa ro-ràdh:

"Tha beairteis briathran ionadail, gaol do thaobh Siar Rois, gu h-àraidh Inbhir Àsdal agus an dùthaich mun cuairt, agus àbhachdas ciùin, fialaidh a' comharrachadh a chuid òrain."

ISBN 1900901-34-x
Paipear, 124 duilleag,2006
£6.00

LUASGANACH? MISE?

Màiri Anna NicDhòmhnaill

Nobhail ghoirid do dheugairean, le sàr sgrìobhadair.

"Thionndaidh mi mun cuairt. Franc. F. F. fhèin. Bha e a' bruidhinn is gun mise air facal a chluinntinn. Ach dè thubhairt e? Robh e gam fhiathachadh dhan diosgo? Screen Machine? Partaidh? O, carson nach robh m' aire air …

"Cha robh mi ach son innse dhut: tha pìos mòr spaigeataidh slaodte ri cùl do sgiort, Sarah. Feumaidh gun do shuidh thu air sa chaintin."

ISBN 978-1-900901-22-2
Paipear, 128 duilleag, 2007
£6.50

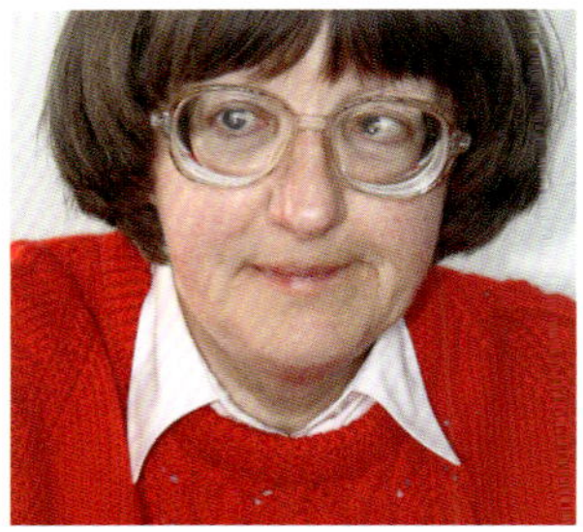

Màiri Anna NicDhòmhnaill

Talant air leth

"She shares with Norman MacLean an unerring talent for the telling idiom, and an ability to insinuate the voices, and predicaments, of her characters into the reader's imagination. And she'll make you laugh. Out loud."

Aonghas MacNeacail, a' sgrìobhadh mu obair Màiri Anna NicDhòmhnaill, ann an Gasaet Steòrnabhaigh, 2008

Tha Luasganach? Mise? sgrìobhte le ùghdar *Cleas Sgathain* (CLÀR/Ùr-Sgeul, 2008)

ECSTASY AGUS SGEULACHDAN EILE

Ré Ó Laighleis

Sgrìobhte an toiseach ann an Gaeilge, tha an leabhar seo air duaisean gu leòr a choisinn.

Tha an sgrìobhadh aig Ré Ó Laighleis beòthail, nuadh-aimsireil. Sa chruinneachadh thùsail seo, tha e a' cur fa 'r comhair cùisean sòisealta, trioblaidean ar saoghal san latha an-diugh 's iad air an aithris le misneachd agus faireachdainn. Drogaichean, an galair AIDS, a' call dreuchd – sin cuid dhe na cuspairean. Eadar-theangaichte le Beathag Mhoireasdan.

ISBN 1-900901-13-7
Paipear, 128 duilleag, 2004
£5.00

ANN AN DÙTHAICH ÙR

Jeffrey Shaw

Shaoil Tormod gun ann air bàt' iasgaich a bha e air obair fhaighinn ach dè bh' innte ach bàta bathair air a rathad bho dhùthaich Mhic Aoidh gu Canada. Ach fhuair e cothrom airgead a chur gu a theaghlach agus thug sin faothachadh dha. Bha feum mòr aca air airgead 's an t-uachdaran air a' chìs a bh' air a' chroit bheag aca a chur suas.

Thachair iomadach tachartas annasach do Thormod an dèidh Canada a ruighinn.

ISBN 1-900901-07-2
Paipear, 172 duilleag, 2002
£5.99

SNEACHD AIR DRUIM UACHDAIR

Màiri Rhind

Nobhail ghoirid do dheugairean.

"Eilidh! Taing do shealbh … tha thu ann. Tha e uabhasach cudromach gun tig thu dhachaigh air ball … " Dh'aithnich Eilidh an guth aig Catrìona, a piuthar. Ach carson a bha an guth cho iomagaineach, ìosal? Dè bha air tachairt an Dail Chuinnidh?

ISBN 1-900901-04-8
Paipear, 152 duilleag, 2000
£5.99

CRAOBHAN

C. Dillon, agus C.M. agus L. Storey

San leabhar seo, gheibhear fiosrachadh mu chuid dhe na craobhan as cumanta a chithear san dùthaich seo, cuid a tha gnèitheach agus a tha gan sìolrachadh fhèin, agus cuid a chaidh a chur airson adhbharan eadar-dhealaichte. Tha beagan eachdraidh chraobhan is choilltean ann cuideachd agus dealbhan nan craobhan 's nan duilleagan. Fiosrachadh cuideachd mu na creutairean tha fuireach sna coilltean agus mun fheum a nithear de dhiofar seòrsa fiodh.

ISBN 1-900901-05-6
Paipear, 48 duilleag, 2000
£5.00

SGEULACHDAN À BEUL-AITHRIS

CONACHAR AGUS AN TORC

Beul-aithris

Bha torc mòr fiadhaich a' fuireach anns a' choille. Bhiodh Conachar tric a' sealg anns an dearbh choille, ach bha a chù-seilg na bhriseadh-dùil dha. Bha an sealgair dhen bheachd gu robh an cù cho sean is cho leisg 's gu robh e gu tur gun fheum. Ach an robh …?

ISBN 1-900901-00-5
Paipear, 24 duilleag, 1996
£3.95

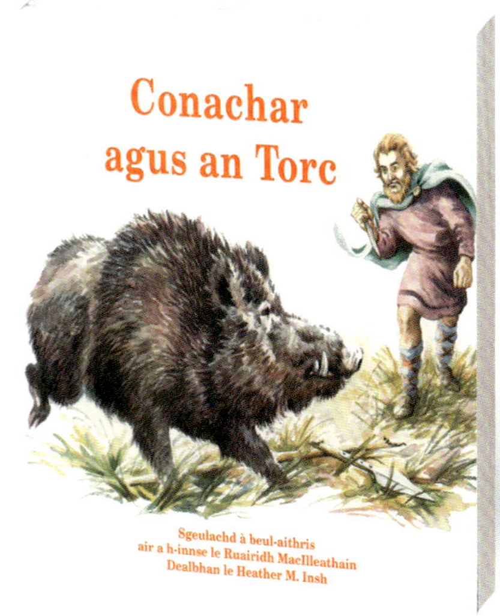

AM PEATA BÀN

Beul-aithris

'S e am Peata Bàn a dh'fhàg an toiseach. Ach cha b' fhada gus an robh beathaichean eile a' falbh còmhla ris 'a dh'iarraidh an fhortain'. Agus, gu dearbh, mar a chanadh e fhèin, "Mar as motha a' chuideachd, 's ann as fheàrr an sùgradh."

ISBN 1-900901-02-1
Paipear, 20 duilleag, 1997
£3.95

LASAIR DHEARG

Beul-aithris

"Ciamar a gheibh sinn cuidhteas Lasair Dhearg?" Sin a' cheist a tha a' bhanrìgh agus Cailleach nan Cearc a' feuchainn ri fhuasgladh. Ach chan eil cùisean a' dol leotha mar a bha iad an dùil.

ISBN 1-900901-01-3
Paipear, 24 duilleag, 1997
£3.95

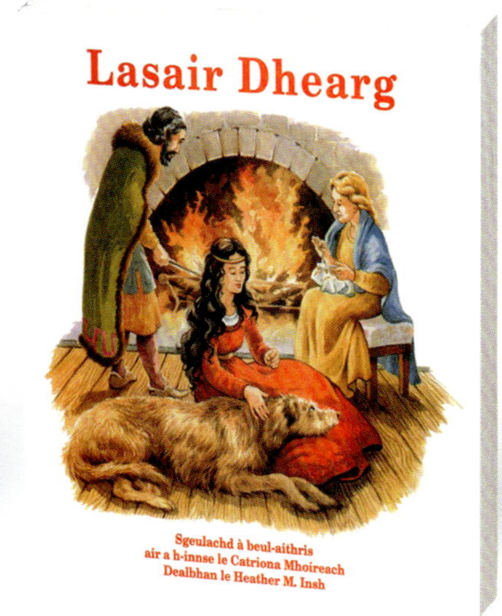

SEACHD SGEULACHDAN ÀS INBHIR NIS

Sgeulachdan air an cruinneachadh le Ruairidh MacIlleathain. Beul-aithris agus eachdraidh.

Ciamar a fhuair Loch Nis ainm? Dè an gnothach a bh' aig Broichean an draoidh ri Calum Cille? Carson a tha cliù air Tom na h-Iùbhraich mar shìthean? Ciamar a fhuair muinntir Inbhir Nis seachad air gort uabhasach a' bhainne? Ann an cruinneachadh de sheann sgeulachdan Gàidhealach às Inbhir Nis, tha Ruairidh MacIlleathain a' toirt freagairtean do na ceistean sin, agus blasad de sheann dualchas prìomh bhaile na Gàidhealtachd.

Dealbhannan le Susan Walker.

ISBN 1-900901-03-x
Paipear, 40 duilleag, 1997
£3.95

CALUM COINEANACH

Dòmhnall Iain MacLeòid

Leabhar-chloinne spòrsail, ag amas air fileantaich aig tràth-ìrean sa bhun-sgoil. 'S e eòlaiche-cànain, sgrìobhadair agus deasaiche às na Hearadh a th' ann an Dòmhnall Iain MacLeòid.

Dealbhannan le Anndra Jack.

ISBN 978-1900-901-06-2
Paipear, 28 duilleag, 2000
£3.00

FACLAN IS ABAIRTEAN À ROS AN IAR

GAELIC WORDS AND PHRASES FROM WESTER ROSS

Roy Wentworth

Rinn Roy Wentworth rannsachadh mòr gus an cruinneachadh dà-chànanach seo a chur ri chèile.

Bho td 1 gu td 917 tha English to Gaelic Word List/ Liosta Fhaclan Beurla gu Gaidhlig le mìneachadh mionaideach san dà chànan air gach facal. Aig an deireadh, bho td1 gu td 157 tha Clàr-amais Gàidhlig gu Beurla/ Gaelic to English Index of Words.

Agus aig an fhìor thoiseach tha artaigeilean feumail leithid "Mar a Chleachdar an Liosta Fhaclan"; "Bunan do dh'Òran" as an tàinig cuid dhe na facail agus a tha air an gleidheadh ann an tasglann Taigh-thasgaidh Gheàrrloch; "Puingean Gramair agus Fuaimneachaidh".

ISBN 1-900901-21-8
Paipear, 1,076 duilleag, 2003
£20.00

Roy Wentworth (1946–2003)

Roy Wentworth – Dwelly ar latha-ne

"Tha sinn air Dwelly ar latha-ne a chall, ma-tà. Fada mus d'fhuair mi fhìn eòlas air bha mi eòlach air ainm mar fhear a bha gu daingeann làidir a' seasamh còraichean na Gàidhlig. Bha dùileam ri duine lasrach, sradagach, feargach a bhiodh ag èigheach 's ag othail mun chànan, 's nuair choinnich mi ris cò bha seo ach duine ciùin, sèimh, socair a bha a' fulang 's a' strì air son na cànain ann an dòigh gu math radacal. Dh'ionnsaich mi às a-sin nach eil ceartas a' crochadh air fuaim ach air fìrinn."

Aonghas Pàdraig Caimbeul, 2003

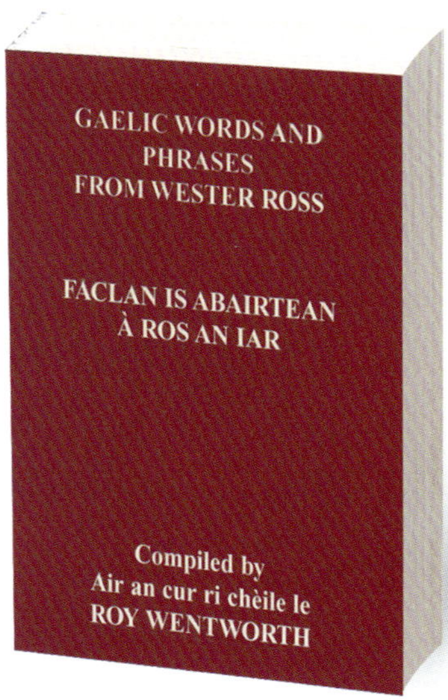

DÌLEAB ROY

Ruairidh MacIlleathain

'S ann ainneamh a chuirinn an tiotal 'Gaisgeach na Gàidhlig' air duine oir chan eil ach glè bheag chinn airidh air a leithid, ach bha Roy Wentworth airidh air sin, agus tuilleadh. Ged a thogadh Roy ann an Lunnainn, dh'fhàs a chridhe cho Gaidhealach ri cridhe Oisein nuair a thàinig e a dh'fhuireach ann an sgìre Gheàrrloch.

Nuair a bhruidhneadh tu Gàidhlig ris (agus 's ann ainneamh nach bitheadh, a rèir cò eile a bha anns a' chuideachd), bha e doirbh a chreidsinn nach do thogadh e ann an taigh-croite anns an sgìre sin fhèin. Chan e dìreach gun d' rachadh aige air smaoineachadh ann an Gàidhlig, ach gun cuireadh e a smuaintean an cèill ann an cainnt ghnàthsach na sgìre sin.

Bidh cuid nach robh eòlach air Roy ga chuimhneachadh airson nochdadh anns a' chùirt ann an Inbhir Pheofharain, agus e a' diùltadh bileagan de dhiofar sheòrsachan a lìonadh leis nach robh iad rim faighinn ann an Gàidhlig. Ach bhiodh iad gu tur ceàrr nan robh iad dhen bheachd gur e duine bragail àrdanach a bh' ann. Bha Roy cho iriosal ciùin, 's nach do thuig e a-riamh, cha chreid mi, a' bhàidh a bh' aig daoine eile dha no an t-urram a bha e air cosnadh dha fhèin.

Nuair a thàinig Roy a dh'fhuireach ann an Ros an Iar, bheireadh e leabhar beag leis na phòcaid. Gach turas a chluinneadh e facal no abairt ùr aig muinntir an àite, rachadh sin dhan leabhar. Agus, gu fortanach dhuinn, bha e lèirsinneach gu leòr 's nach do dh'fhàg e na briathran sin ann an dràthair no clòsaid. Dh'fhoillsich e faclair stèidhichte air na chruinnich e gus am biodh cuid dhen eòlas aige ri fhaighinn do dhaoine eile.

Tha am faclair *'Gaelic Words and Phrases from Wester Ross'* na leabhar air leth a tha làn fiosrachaidh mu dhualchainnt Gheàrrloch – mu bhriathrachas, abairtean, gnàthasan-cainnt is ainmean-àite. Tha e tomadach, stèidhichte air tràchdas a' PhD a chaidh a bhuileachadh air Roy an dèidh a bhàis, ach tha e furasta a chur gu feum do dhuine sam bith aig a bheil ùidh ann an cànan. Ann an cruth àbhaisteach a tha e airson faclair Beurla gu Gàidhlig, agus e stèidhichte air ceann-fhaclan Beurla ann an òrdugh na h-aibideil, ach tha goireas aig an deireadh a leigeas leis an leughadair faclan Gàidhlig fa leth a lorg ann. Tha stiùireadh ann a thaobh fuaimneachadh gach ceann-fhacail, agus bha Roy deimhinne gun robh sin riatanach oir bha e airson 's gun tuigeadh an ath-ghinealach mar a chante gach facal gus am biodh iad comasach an cànan ath-bheothachadh gu h-ionadail, agus a bhith dìleas don dualchainnt. Thuig Roy gun robh e mar neach-teasairginn a' togail duine leth-bhàithte bhon mhuir, agus gur iad an fheadhainn òg' a bhuineas do Gheàrrloch a chuireadh deò ann am bodhaig a' chànain a-rithist. Thachair mi ri tè ann an Inbhir Nis turas agus 's e sin a bha fa-near dhi – an dualchainnt aice fhèin ionnsachadh. Tha mi an dòchas gun do shoirbhich leatha! Chaidh Roy a thoirt air falbh uainn fada ro thràth, ach tha an leabhar seo a' seasamh mar dhìleib de a bheatha agus dhen ghràdh a bh' aige do Ros an Iar.

Ruairidh MacIlleathain, 2020
(Tha seo steidhichte air leirmheis-bàis a chaidh a sgrìobhadh an toiseach ann an 2003.)

ÙR-SGEUL

ÙR-SGEUL

Alasdair H. Caimbeul

Chaidh a' chiad leabhar san t-sreath Ùr-Sgeul, *Ath-Aithne* le Màrtainn Mac an t-Saoir, fhoillseachadh le CLÀR ann an 2003, agus chaidh am fear mu dheireadh *Màiri Dhall agus Sgeulachdan Eile* le Donnchadh MacGillÌosa, fhoillseachadh ann an 2013.

Bho thòisich e tha Ùr-Sgeul air roghainn fharsaing agus ùidheil de nobhailean 's de sgeulachdan goirid a thoirt dhuinn bho ùghdaran aithnichte agus ùra. Tro dhiofar stoidhlichean 's ghuthan agus beartas bhriathran 's cainnte, a bha uairean lom 's aig amannan eile riochdail, tha na leabhraichean seo air ùr-ealain a thoirt dhuinn ann an rosg Gàidhlig.

Dè bhuaidh a tha air a bhith aig Ùr-Sgeul air sgrìobhadh Gàidhlig? Tha John Storey a bha gu mòr an-sàs ann ag ràdh: "Rinn e grunn rudan, tha mi 'n dòchas. Thug e misneachd, tro chruinnichidhean de sgeulachdan goirid, do sgrìobhadairean ùra, leithid Maureen NicLeòid, Alison Lang, Màiri E. NicLeòid agus Tim Armstrong. Thug e cothrom foillseachaidh do sgrìobhadairean stèidhichte. Bha fios againn gu robh sgrìobhadairean ficsean sònraichte againn ann an Gàidhlig – ach math dh'fhaoidte nach robh uiread chothroman ann dhaibh. Bha feadhainn aca air dòchas a chall. Dhearbh Ùr-Sgeul gu robh e comasach do na Gaidhil a bhith dèanamh leabhraichean aig àrd-ìre, a-cheart cho profeiseanta ri leabhraichean sam bith ann am Beurla."

Tha Ùr-Sgeul cuideachd air sgrìobhadh Gàidhlig a chur fa chomhair an t-sluaigh ann an Alba tro innleachdan margaidheachd a bha lèirsinneach agus cruthachail. 'S tha na leabhraichean air cliù agus duaisean a chosnadh aig ìre nàiseanta 's iad a' faighinn aithne ann an duaisean mar an fheadhainn aig Comann Bratach na Croise.

Alasdair H. Caimbeul, Slèite, an t-Eilean Sgitheanach, 2020

Tacsi do Mhac an t-Saoir? Margaidheachd *Gymnippers Diciadain*, 2005

AN CLAIGEANN AIG DAMIEN HIRST AGUS SGEULACHDAN EILE

Sgeulachdan bho ùghdairean nach deach fhoillseachadh roimhe, agus feadhainn nas 'stèidhichte' leithid Alasdair Caimbeul, Màiri Anna NicDhòmhnaill, Maoilios Caimbeul, Dòmhnall Iain MacÌomhair, agus Màrtainn Mac an t-Saoir am measg feadhainn eile.

Cuspairean a bheir an leughadair bho fhàsach Alasga gu fàsach Iorac, bhon àm a chaidh don àm ri teachd, bho ghàire gu gal. 'Tha caochladh farsaing de gnèithean sgrìobhaidh ann nach eil tric ri fhaicinn anns an aon leabhar.' (Aonghas MacNeacail)

Na sgrìobhadairean

LEABHAR A H-AON

1. Alasdair Caimbeul
2. Màiri Anna NicDhòmhnaill
3. Màiri E. NicLeòid
4. Pàdraig MacAoidh
5. Mìcheal Klevenhaus
6. Mona Claudia Striewe
7. Iain MacIllEathain

ISBN 9781900901413
Pàipear, 104 duilleag, 2008
£5.00

LEABHAR A DHÀ

8. Alison Lang
9. Dòmhnall Iain MacÌomhair
10. Cairistìona Stone
11. Steafan MacRisnidh
12. Màrtainn Mac an t-Saoir
13. Iain Cuimeanach
14. Màiri NicAmhlaidh

ISBN 9781900901437
Pàipear, 96 duilleag, 2008
£5.00

LEABHAR A TRÌ

15. Ishi NicIlleathain
16. Maoilios Caimbeul
17. Des Scholes
18. Charles (Chuck) Tripp
19. Màiri Flòraidh Nic a' Phiocair
20. Catrìona Lexy Chaimbeul
21. Seonaidh Adams

ISBN 9781900901444
Pàipear, 96 duilleag, 2008
£5.00

A H-UILE SGEUL CÒMHLA

(aon sgeulachd air fhichead)
Air a dheasachadh le Joan NicDhòmhnaill
Ro-ràdh le Jo NicDhòmhnaill

ISBN 9781900901468
Còmhdach-cruaidh,
256 duilleag, 2008
£16.00

Dealbh taobh thall: leabhar na sgeulachdan air fad

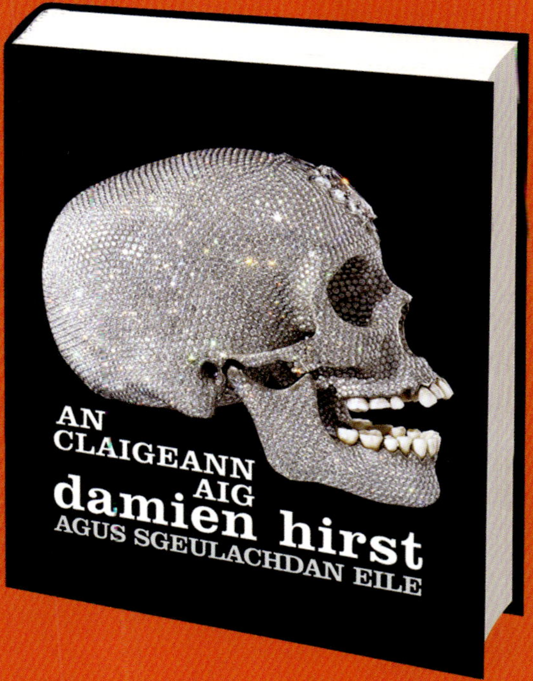
AN
CLAIGEANN
AIG
damien hirst
AGUS SGEULACHDAN EILE

AIR A THÒIR

Màrtainn Mac an t-Saoir

Anns an treas nobhail aige, tha Màrtainn Mac an t-Saoir a' tarraing Aonghas is Monika còmhla ann an saoghal làn charactaran dealbhach, beothail agus tachartasan a tha uaireannan èibhinn is uaireannan eagallach, ach an-còmhnaidh drùidhteachd. Sgrìobhadh a tha na spreigeadh don inntinn agus na thoileachas don spiorad.

ISBN 978-1-900901-39-0
Pàipear, 360 duilleag, 2013
£8.99

AN LATHA AS FHAIDE

Màrtainn Mac an t-Saoir

Bha Niall MacLeòid an dùil gu robh e a' bàsachadh, ach bha e ceàrr. Faodaidh e fhathast a bheatha chofhurtail ann an Surrey a mhealtainn còmhla ri a bhean bhrèagha. Shaoileadh tu gum biodh e aig mullach a shòlais ach tha ceistean ag èirigh nach eil furasta freagairt. Fhuair an leabhar seo – an darna nobhail aig Màrtainn – air Geàrr-Liosta Duaisean Litreachais an Saltire Society.

ISBN 978-1-900901-39-0
Pàipear, 320 duilleag, 2008
£8.99

GYMNIPPERS DICIADAIN

Màrtainn Mac an t-Saoir

Choisinn an leabhar seo – a' chiad nobhail aig Màrtainn – àite air Geàrr-Liosta Duaisean Litreachais an Saltire Society (direach mar a rinn *An Latha as Fhaide*). DJ agus Caroline a' tighinn còmhla aig clas Gymnippers ann an Dùn Èideann. Mar a thuirt Aonghas MacNeacail 'fuirichidh e fada beò ann am mac-meanmna an leughadair.'

ISBN 1900901188
Pàipear, 352 duilleag, 2005
£8.99

ATH-AITHNE

Màrtainn Mac an t-Saoir

Bhuannaich seo (an-aghaidh leabhraichean Beurla) Duais Litreachais an Saltire Society *'First Book of the Year'*. Raon farsaing ann an tìm, ann an àiteachan agus ann an caitheamh-beatha, on t-saighdear a' falbh dhan Chogadh Mhòr sa chiad sgeulachd gu saoghal nam fònaichean-làimhe anns an tè mu dheireadh. Sàr sgrìobhadh a lasas mac-meanmna.

ISBN 1900901099
Pàipear, 240 duilleag, 2003
£8.99

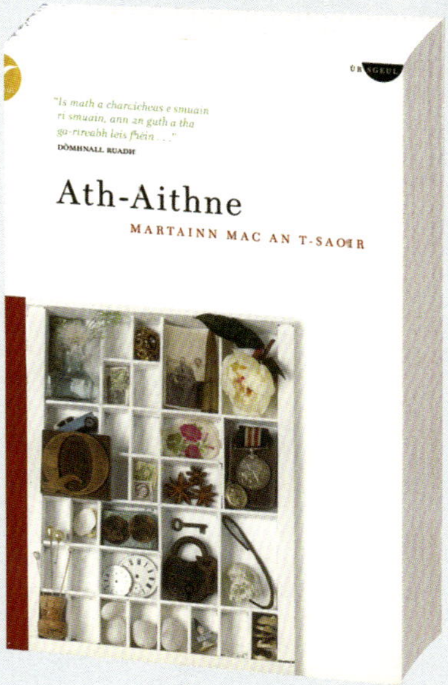

AN OIDHCHE MUS DO SHEÒL SINN

Aonghas Pàdraig Caimbeul

Aireamh a h-ochd anns The LIST agus Orange Best 100 Scottish Books … Of All Time.

'S e seo a' chiad nobhail a rinn Aonghas Pàdraig Caimbeul. 'Tha an leabhar fhèin a' cur thairis le beothalachd muinntir na sgeulachd, is tha e gar toirt a-staigh dhan t-saoghal aca le blàths is le ealantachd. Agus cha dìochuimhnich sinn iad ann an cabhaig.' (Anna Latharna NicGillÌosa)

ISBN 1900901102
Pàipear, 384 duilleag, 2003
£8.99

AN TAIGH-SAMHRAIDH

Aonghas Pàdraig Caimbeul

Am meadhan gnothaich tha an seann taigh an Earra Ghaidheal. Tha an fheadhainn a th' ann glè eadar-dhealaichte ris an fheadhainn a dh'fhalbh ach tha ceangal eatorra a dh'aindeoin sin. Togaidh treas nobhail Aonghais Phàdraig iomadh ceist mur deidhinn fhèin – sgeulachd a tha siubhlach, sgrìobhadh a ghluaiseas cridhe.

ISBN 9781900901291
Pàipear, 240 duilleag, 2007
£8.99

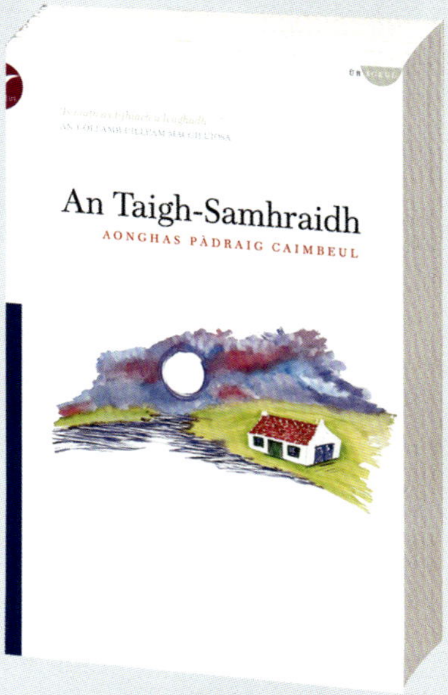

TILLEADH DHACHAIGH

Aonghas Pàdraig Caimbeul

Turas trèana le taibhse air bòrd. Ach cò e? Cuairt iongantach thar tìm agus dùthaich, tro bhruadar is mhacmeanmna. Tha gach stèisean air an t-slighe a' dùsgadh cuimhne agus tuigse. Leabhar a tha sìmplidh ri leughadh, ach domhainn agus smaoineachail. An ceathramh nobhail aig Aonghas Pàdraig.

ISBN 9781900901499
Pàipear, 120 duilleag, 2009
£8.99

LÀ A' DÈANAMH SGÈIL DO LÀ

Aonghas Pàdraig Caimbeul

Choisinn seo, mar leabhar no dhà eile bho Ùr-Sgeul, àite air Geàrr-Liosta Duaisean Litreachais an Saltire Society. An t-àm ri teachd agus tha lathaichean doirbhe, dorcha air tighinn. Casg air Gàidhlig. Saoghal doirbh, ach mairidh miann air saorsa, agus faodaidh rudan mìorbhaileach tachairt. Fìor nobhail chumhachdach. An dàrna tè bho Aonghas Pàdraig Caimbeul.

ISBN 1900901129
Pàipear, 288 duilleag, 2005
£8.99

MÀIRI DHALL AGUS SGEULACHDAN EILE

Donnchaidh MacGillIosa

"… this is no acolyte: he reminds us that surrealism and magic realism have an ancient (but still vital) pedigree, while persuading us that we have shared an actual experience."

Aonghas MacNeacail, The Herald, 2013

Seo an dàrna cruinneachadh sgeulachdan leis an t-sàr sgrìobhadair Donnchadh MacGillIosa. Leabhar a tha freumhaichte ann an rèasg Eilean Leòdhais ach a bhuineas rinn uile ge bith co às a tha sinn.

ISBN 978-1900901-54-3
Pàipear, 246 duilleag, 2013
£8.99

TOCASAID 'AIN TUIRC

Donnchadh MacGillIosa

"Mar gu robh sgeulachdan à beul aithris air an ath-innse le Somhairle Beckett … sgeulaiche air leth siùbhlach, subhach, snasail" Aonghas Dubh, 2004

Saoghal Nis uaireannan, le mòinteach is buntàta is bàrdachd; uaireannan eile, 's e saoghal seunta a th'ann, le prionnsaichean is draoidheachd is brògan a nì cainnt.

ISBN 1900901110
Pàipear, 144 duilleag, 2004
£8.99

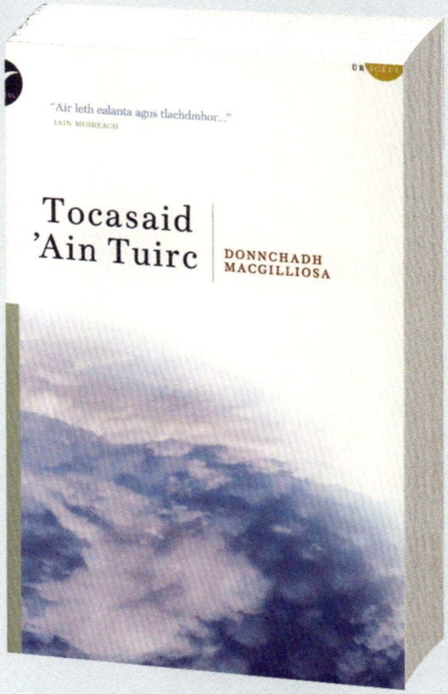

SUTHAINN SÌOR

Norma NicLeòid

Seo an treas leabhar san t-sreath de thrì. 'S ann mun aon teaghlach a tha an trì-leabhar air fad.

Tha am beatha a' gabhail romhpa am broinn an teaghlaich, a tha fhathast a' strì ri gaol, creideamh, cianalas, bròn, toileachas agus mì-chinnt, agus tha an t-ùghdar a' toirt na sgeòil air adhart ann an dòigh làidir, ealanta.

ISBN 978-1900901-59-8
Pàipear, 192 duilleag, 2011
£8.99

TAINGEIL TOILICHTE

Norma NicLeòid

Saoghal nan caractaran ann an *Dìleas Donn* (a' chiad nobhail aig Norma) fichead bliadhna air adhart agus tha Melanie air ceumnachadh às an Oilthigh. Sgeul làidir le cuspairean domhainn. 'S e sgrìobhadh brìoghmhor, eireachdail a tha seo.

ISBN 978-1900901-36-9
Pàipear, 192 duilleag, 2008
£8.99

DÌLEAS DONN

Norma NicLeòid

Tha Ailig Iain pòsta aig Muriel agus an dithis aca sona, a rèir coltais, ach dè thachras nuair a nochdas gaol òige, Bellann, às dèidh bliadhnaichean ann an Canada? Gheibhear sgrìobhadh soilleir anns a' chiad nobhail aig Norma NicLeòid. Tha e furasta a leughadh ach duilich a dhìochuimhneachadh.

ISBN 1900901277
Pàipear, 160 duilleag, 2006
£8.99

SLAIGHTEARAN

Tormod MacGill-Eain

Tha Murchadh ann an staing a-rithist. Tha cunnart ann gun caill e a leannan àrd eireachdail, Raonaid (a dh'adhbhraich 'iomadach tubaist-trafaig air na sràidean') is caitheamh-beatha a tha a' tighinn ris gu mòr. Chan eil aige ach aon chothrom.

Seo an ceathramh nobhail le Tormod MacGill-Eain. Tha an tè seo, coltach ri *Dacha Mo Ghaoil*, eibhinn agus aotrom.

ISBN 9781900901307
Pàipear, 128 duilleag, 2008
£8.99

DACHA MO GHAOIL

Tormod MacGill-Eain

Tha creutairean annasach a' tighinn a dh'Uibhist. Feadhainn dhiubh is itean orra, is feadhainn eile is gun cus orra (uaireannan) ach an craiceann! Leabhar goirid: an treas nobhail aig Tormod. Tha e làn àbhachd, fealla-dhà agus comhradh eibhinn. Ruiseanaich agus rolaistean: dè eile a shaoileadh tu bho MhacGill-Eain?

ISBN 1900901161
Pàipear, 128 duilleag, 2005
£8.99

CLEAS SGÀTHAIN

Màiri Anna NicDhòmhnaill

Sgeul èibhinn, stèidhichte eadar Uibhist agus Lunnainn, air a dheagh innse ann an Gàidhlig nàdarra, shiùbhlach a bheir gàire ort bho thoiseach gu deireadh. Cò aige tha fios nach aithnich sinn fhìn daoine coltach ri feadhainn a tha ann! A' chiad nobhail do dh'inbhich le Màiri Anna NicDhòmhnaill. Tha an leabhar geur agus làn spòrs.

ISBN *9781900901352*
Pàipear, 176 duilleag, 2008
£8.99

SAMHRAIDHEAN DÌOMHAIR

Catrìona Lexy Chaimbeul

Mona glaiste ann an droch phòsadh, Màiri-Ellen an gaol le Stevie ach tha Stevie dol a phòsadh tèile. Chrissie na seinneadair ainmeil ann an LA, agus tha Iain fhathast ann an gaol leatha. Dè thachras nuair a thig na caraidean seo còmhla a-rithist? Sàr sgeul: a' chiad nobhail le Catrìona Lexy Chaimbeul.

ISBN 9781900901314
Pàipear, 176 duilleag, 2009
£8.99

ÌMPIREACHD

Iain F. MacLeòid

Anns an treas nobhail aige, tha Iain F. MacLeòid gar toirt air turas dàna thar a' Chuan Siar agus Tìr-mòr na Roinn Eòrpa leis an aon liut airson deagh sgeulachd innse `s a chunnacas anns *Na Klondykers* agus *Am Bounty*.

ISBN 978-1900901-56-7
Pàipear, 172 duilleag, 2010
£8.99

AM BOUNTY

Iain F. MacLeòid

Tha Raghnall MacilleDhuibh san Albannach ga dhèanamh soilleir dhuinn: 'sgeulachd mhath làidir tharraingeach, air a h-innse gu sgiobalta, gun fhearas-mhòra, ann an Gàidhlig shìmplidh. Chòrd a' chiad nobhail a rinn e do dh'Ùr-Sgeul, *Na Klondykers*, glan rium. Tha *Am Bounty* fiùs nas fheàrr.'

ISBN 9781900901338
Pàipear, 208 duilleag, 2007
£8.99

NA KLONDYKERS

Iain F. MacLeòid

1989. An 'Cogadh Fuar' aig àirde. Tha na bàtaichean-iasgaich Ruiseanach, na Klondykers, aig acair sa bhàgh agus tha beairteas is buaireadh anns a' bhaile. *Pravda* sna bùithtean. Iasgach, òl, dannsa – is suirghe. Tha cothroman aig daoine. Ach tha cunnart ann cuideachd. 'Ged nach do leugh sibh leabhar Gàidhlig riamh, leugh am fear-sa.' (Raghnall MacilleDhuibh)

ISBN 1900901196
Pàipear, 288 duilleag, 2005
£8.99

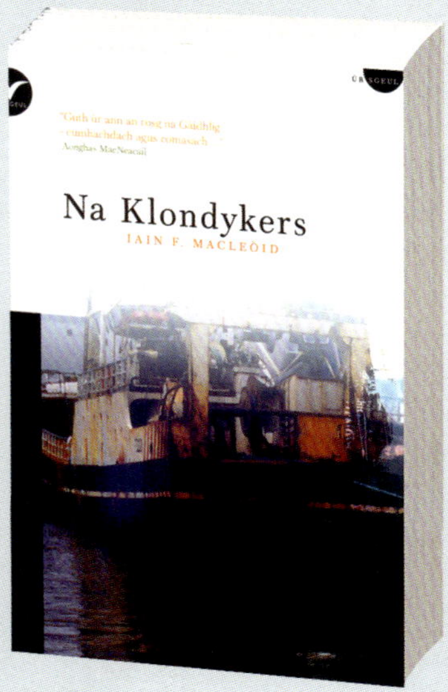

CAINNT NA CAILEIGE CAILLTE

Alison Lang

Tha a' chiad chruinneachad sgeulachdan seo bho Alison Lang a' toirt thugainn iomadh caractar làidir a' strì ri dùbhlain is duilgheadasan ann an suidheachaidhean a tha a' togail iomadh ceist mun t-saoghal. Sgrìobhadh soilleir, spreigeach a chòrdas ri sean is òg.

ISBN 9781900901512
Pàipear, 208 duilleag, 2009
£8.99

A' GHLAINNE

Màiri E. NicLeòid

Cruinneachadh sgeulachdan de gach seòrsa is cuspair. Tha cuid aca èibhinn, aotrom, cuid blàth-chridheach, socair agus cuid eile dorcha, ach le dàimh aig cridhe gach te: an dàimh eadar caraidean, eadar seanmhair is ogha, eadar màthair is an leanabh na broinn. Tha na suidheachaidhean àbhaisteach – caraidean a' gabhail srùpag còmhla no dithis air splaoid oidhche Haoine mar eisimpleir – ach thig buil asta a chuireas iongnadh agus fiù clisgeadh oirnn nach dìochuimhnich sinn ann an cabhag.

ISBN 9781900901-40-6
Pàipear, 72 duilleag, 2010
£6.99

AM MISEANARAIDH

Iain Mac a' Ghobhainn

Ministear Gàidhealach, Dòmhnall Dubh, ga chur gu dùbhlan an teismeadhan na coille an Afraga. Leabhar gu math goirid (nobhail bheag): cainnt shìmplidh ach cuspairean domhainn. Còrdaidh seo ri luchd-leantainn Iain Mhic a' Ghobhainn agus ri duine sam bith an tòir air deagh sgeul.

ISBN 190090120X
Pàipear, 80 duilleag, 2005
£6.00

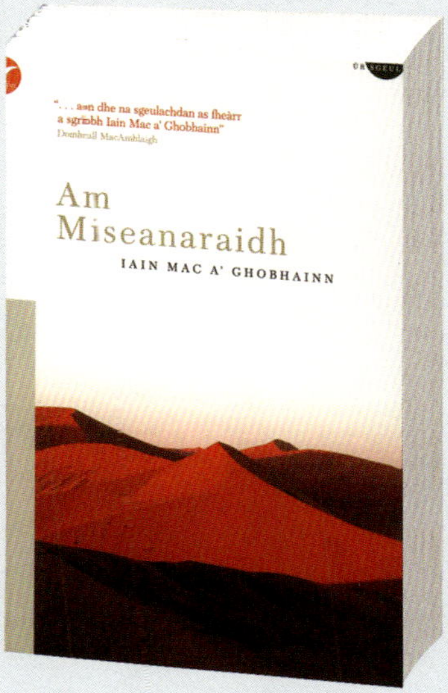

TEAS

Maoilios Caimbeul

"What Maoilios Caimbeul has done is offer a story where the search for answers goes on at different levels, social, cultural and philosophical, without providing firm answers. Instead, at every turn, he delivers material that feeds the reader's curiosity."

Aonghas MacNeacail, Scottish Review of Books, 2010

Inbhir Nis. Na h-ochdadan. Prìomh bhaile na Gàidhealtachd chanadh cuid. 'S ann an sin a thàinig Iain Murchadh MacLeòid a dh'obair do bhuidheann leasachaidh. Ach, tha beatha shona Iain Mhurchaidh dol a dh'atharrachadh gu tur.

ISBN 978-1900901-57-4
Paipear, 124 duilleag,2010
£8.99

CUID A' CHORRA-GHRITHICH

Alasdair Caimbeul

Bha Coinneach Mòr, athair, aig muir, nuair a bhaisteadh Coinneach Beag. Seo mas do thòisich e dèanamh nam blocaichean concrete, mas d' fhuair e a' chiad làraidh. Gun fhiost dha a chaidh Coinneach Beag a bhaisteadh.

Null 's a-nall à New Zealand 's Astràilia. Bosun. Mas fhàgadh iad Lunnainn, bhiodh e a' cur stiùbhard às a' Chaisteal Nuadh air tìr airson sgadan 's salainn garbh; a' toirt òrdugh theann dha gun tilleadh air bòrd às an aonais. Bhiodh an stiùbhard a' tilleadh an dèidh uaireannan a thìde le dà phoca canabhais 's a ghàirdeanan a' slaodadh ris.

ISBN 978-1900901-64-2
Pàipear, 120 duilleag, 2011
£8.99

AN DRUIM BHO THUATH

Tormod Caimbeul

"Tormod Caimbeul is one of the finest writers we have, in any language ... *An Druim Bho Thuath* is a Joyce-ean adventure through language and memory. He is on a par with Sorley Maclean at the linguistic level ..."

Angus Peter Campbell, Sunday Herald, 2011

Bha iad ann an siud nan triùir, aig Dia tha fios, a-nis. Agus aona bhoireannach, Rose – dud eile? le fàinneachan, fags agus falt dearg. Biodh sin mar a bhitheas, a' ghaoth air teiche a-mach gu an iaras, na sgòthan fo sgaoil nan deann a' dol seachad, cha chrùbadh tu ro fhada ri bruaichean dubha na h-aibhne.

ISBN 978-1900901-58-1
Pàipear, 184 duilleag, 2011
£8.99

SHRAPNEL

Tormod Caimbeul

Raymond Chandler, James Joyce agus Irvine Welsh – tha *Shrapnel* a' cur nar cuimhne a h-uile duine aca. Ach aig a' cheann thall, chan eil a leithid ann ri sgrìobhadh Thormoid a' Bhocsair. Stèidhichte an Dùn Èideann, 'tha an sgeulachd a' cur thairis le smuaintean lèirsinneach, bàrdail agus spòrsail' (Aonghas MacNeacail)

ISBN 1900901269
Pàipear, 176 duilleag, 2006
£8.99

GORMSHUIL AN RÌGH

Fionnlagh MacLeoid

"*Gormshuil an Righ* owes much to the Gaelic traditional story and the Norse saga, and is set in a world where kings and heroes encounter fabulous creatures with unlikely abilities."

Moray Watson, *An Introduction to Gaelic Fiction*, 2011

An Adabroc ann an Nis, bha seann nighean air an robh Gormshuil an Rìgh. Bha i dall agus i a' còmhnaidh ann am bothag ann an doca-mhorghain an oir an rathaid. Cha do dhìochuimhnich Fionnlagh MacLeòid a-riamh i. 'S ann an doca-mhorghain Gormshuil an Rìgh a tharmaich an sgeulachd seo, 's à sin à baile àraich chaidh i air iteig.

ISBN 978-1900901-55-0
Paipear, 154 duilleag, 2010
£8.99

DÌOMHANAS

Fionnlagh MacLeòid

Cruinneachadh sgeulachdan goirid (ceithir air fhichead) ann an cainnt bhrìoghmhor, sgaiteach, shiùbhlach: cuid drùidhteach le bàs is fulang, feadhainn eile aotrom no aoireil. Cha bhi Cùil Lodair no Mac an t-Srònaich a-chaoidh mar a bha às dèidh seo. Sàr leabhar a tha airidh air a h-uile moladh.

ISBN 9781900901420
Pàipear, 208 duilleag, 2008
£8.99

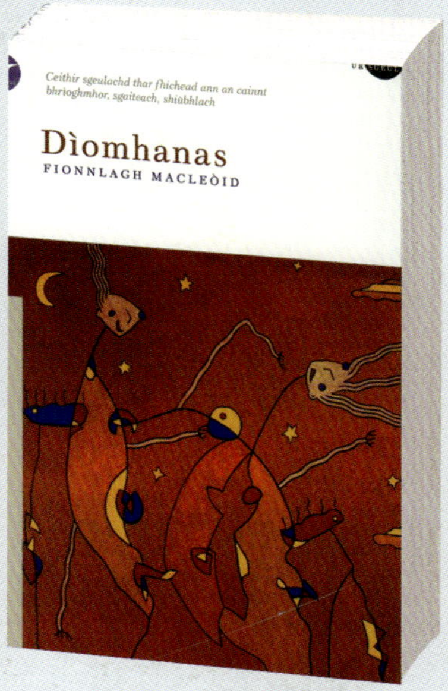

Dè an ceum a tha thu dol a ghabhail?

Anns a' chruinneachadh seo, tha sinn air air dùbhlan le roghainnean nach eil uile gu lèir 'moralta', or chan e buileach ceistean mu dheidhinn 'ceart' neo 'ceàrr', a thaobh lagh neo creideamh, tha gan cur mu air coinneamh – ged a dh'fhaodas eucoir no peacadh a bhith nam pàirt den aithris. Tha seo a' toirt priobairneach fìor tharraingeach do leughadh nan sgeul, a' brodachadh an leughadair gu tomhas, cho fad 's a tha sin cothromach, dè an ceum a tha gach ìnnse dol a ghabhail, agus ciamar a thig iad gu ceann.

Aonghas Dubh MacNeacail, *Saorsa* (ro-ràdh)

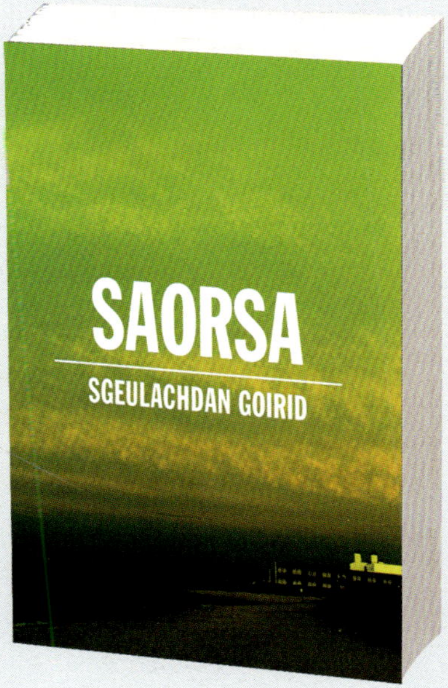

SAORSA

Sgeulachdan Goirid
Deasaichte le Joan NicDhòmhnaill
Air a chur ri chèile le John Storey

- *Ro-ràdh* le Aonghas MacNeacail
- *Luathas-teichidh* le Tim Armstrong
- *Dh'fhalbh sin, 's thàinig seo* le Maureen NicLeòid
- *Dorsan* le Annie NicLeòid Hill
- *An Fhianais* le Màiri Anna NicDhòmhnaill
- *An Comann* le Seonaidh Adams
- *Saorsa gun chrìch* le Mìcheal Klevenhaus
- *An Drochaid* le Mona Claudia Wagner
- *Sandra agus Ceit* le Seònaid NicDhòmhnaill
- *Playa de la Suerte* le Gillebrìde Mac'IlleMhaoil
- *Iain MacAonghais* le Neil McRae
- *Euceartas Ait* le Cairistìona Stone
- *An Dotair Eile* le Pàdraig MacAoidh
- *Chanadh gun do chuir i às dha* le Meg Bateman

ISBN 9781900901819
Paipear, 284 duilleag, 2011
£8.99

Clì: CLÀR air na sràidean! Cur air bhog *Air Cuan Dubh Drilseach*, Leith Walk, Dùn Èideann, 2013.

Gu h-ìseal: rinn Mìcheal Klevenhaus tionndadh Gearmailtis air seachd sgeulachdan goirid sa Chlaigeann agus chaidh am foillseachadh le CLÀR ann an 2009.

Gu h-ìseal, clì: Fionnlagh MacLeòid, ùghdar *Dìomhanas*, aig cur air bhog an leabhar aige an Obar Dheathain an 2008.

Gu h-àrd: Postair Iapanach – Ùr-Sgeul, 2009.

Gu h-àrd, deas: CLÀR san Eilean Sgitheanach. Màiri E. NicLeòid, ùghdar *A' Ghlainne*, cur air bhog am Port Rìgh, 2010.

Deas: Luchd-ceannaich! Iain F. MacLeòid a' cur ainm ri leabhar ùr. Ùr-Sgeul, 2005, aig Fèis Leabhraichean Dhùn Èideann. Màrtainn Mac an t-Saoir comhla ris.

BUIDHEACHAS

Taing shònraichte

A bharrachd air a h-uile ùghdar a tha sinn air ainmeachadh, bu mhath leinn taing shònraichte a thoirt do na luchd-sgrìobhaidh a leanas a chuir stuthan a bharrachd ris an leabhran seo: Alasdair H. Caimbeul, Aonghas Pàdraig Caimbeul agus Ruairidh MacIlleathain. Nochd ciad riochd de sgrìobhadh Alasdair H. anns an Albannach ann an 2013. Bha Ruairidh fhèin an sàs ann an CLÀR aig toiseach na 25 bliadhna.

Dealbhannan

Tha sinn an comain na leanas a thaobh dealbhannan (a bharrachd air na sgrìobhadairean fhèin): Murchadh MacLeòid (dealbh Fhionnlaigh MhicLeòid air d.62); Willie Urquhart, Am Pàipear Beag (dealbh Màiri E. NicLeòid air d.63); Tim Armstrong (dealbh a' chòmhdaich air a' chùl – tachartas CLÀR còmhla ri Meg Bateman, 2013); agus Iain Wentworth (dealbh Roy Wentworth air d.42).

Tapadh leibh.